社会服务
制度框架构建研究

THE STUDIES ON
THE ESTABLISHMENT OF
SOCIAL SERVICES SYSTEM

李兵 著

社会科学文献出版社
SOCIAL SCIENCES ACADEMIC PRESS (CHINA)

简历

　　李兵，安徽长丰人，先后就读于山东大学、中国人民大学，法学博士。曾在中国老龄协会（全国老龄办）政策研究部工作，现为中共北京市委党校社会学教研部教授，研究方向为政策理论、社会服务和养老服务。承担国家社科基金项目1项，北京市社科基金项目3项，民政部和全国老龄办等政府委托课题5项。出版《社会服务理论和实践研究》等著作5部，其中《中国老龄政策研究》获2010年第五届中国人口科学优秀成果（著作类）一等奖。在《北京行政学院学报》、《人口研究》、《行政论坛》、《江苏社会科学》、《社会发展研究》等报纸杂志发表论文30余篇，其中1篇被《中国社会科学文摘》转载，4篇被人大书报资料中心转载。

序一　中国从经济保障到服务保障亟须构建社会服务制度

正在经历着从工业社会向后工业社会结构性转型的中国，在社会政策领域同时遭受到新旧社会风险的夹击。既有的社会保障体制主要是为了应对工业社会劳动者可能遭遇的因失业、疾病、年迈等旧社会风险，旨在保障劳动者的收入，因而无法有效应对非正式就业、家庭结构变化、人口变迁与流动、女性就业率不断提升等后工业社会出现的新社会风险。如今，不充分与不稳定的非正式就业正在取代充分而稳定的传统就业形态，越来越多受过良好教育的女性正在加入劳动力市场，家庭正在经历结构性的弱化，老龄人口持续快速增加，新生人口不断减少等典型的后工业社会特点正在中国出现。这些新变化预示着全面影响个体和家庭的新社会风险的来临。以社会保险为核心、旨在为就业者提供经济保障的传统社会保障体系无法应对普遍影响个体和家庭自主性的新社会风险。为此，需要大力发展有助于提升个体和家庭自主性的社会服务。

大约十年前，我国的社会政策学者们开始意识到在中国发展社会服务的重要性。2008年，笔者撰文指出我国社会保障制度重经济保障轻社会服务的现状；2009年，笔者与广东省民政厅、香港社会服务联会合办研讨会，在社会管理创新的逻辑下推动社会服务概念和事业在中国的发展；2010年，笔者撰文探讨个人社会服务在西方福利国家中的作用及其对中国社会保障制度的启示；2011年，笔者提出"社会服务：从经济保障到服务保障"的命题。吾道不孤。在笔者倡导社会服务理念的同时，李兵教授也从老年服务的视角切入，积极倡导和推动社会服务在中国的发展。从那以后，李兵教授在协助政府进行社会服务规划和决策的同时，勤于笔耕，锐意进取，既积极译介域外社会服务政府文献和学术著作，也积极开展社会服务的本土化研究，并且取得了丰硕的成果。这本讨论我国社会服务制度构建方面的专著，是李兵教授关于社会服务研究的最新成果，也是他研究社会服务的第四本著作。可以说，李兵教授是我国社会服务研究领域的先行者和佼佼者。

李兵教授的这本新书具有鲜明的问题意识和现实关怀，那就是直面我国社会服务发展不足的现实，积极倡导建构中国的社会服务制度。面对人口老龄化、残疾人社会融入、儿童保育、家庭照顾能力弱化，以及工作-家庭失衡乃至冲突等新社会风险，李兵教授在这本新著中展现了自己的坚定信仰，那就是建立一个有效的社会服务体系是预防和解决这些新社会风险的一个关键环节。

为了建构中国社会服务制度，李兵教授不仅系统研究了发达国家和地区的社会服务发展历程和现状，而且努力构建我国社会服务发展的理论基础。在这方面，李兵教授的探索是非常独特的。他没有从常规的社会政策理论出发来思考我国的社会服务发展，而是大胆地借鉴了政策科学的前沿概念，如政策基本属性、政策体制等，从公共政策和公共管理的视角对社会服务的理论建设进行了自己的深入思考，创新性地把社会服务与政策基本属性、政策体制等公共政策理论结合起来。这种探索从学理上来讲也许不无可商榷之处，但李兵教授为我国社会服务发展寻求理论指导的不懈努力令人感动。在其构建的理论基础上，李兵教授结合发达福利国家和地区的社会服务实践和中国社会服务发展的实际，提出了关于构建中国社会服务制度的一套完整的框架体系，具体包括福利意识形态、社会服务行政、社会服务融资、服务对象资格认定、社会服务设施布局和服务项目供给、社会服务监督检查制度设置。

应该说，这套框架体系的提出和具体构想是本书的核心内容，也是最大的亮点。它是李兵教授把社会服务学术研究与决策服务紧密结合的最新成果。作者不是一般性地介绍境外社会服务制度的发展情况，也不是简单地提出中国社会服务制度构建的框架和蓝图，而是试图从理论的高度、学理的深度来研究社会服务这一重要公共事务，力求为社会服务的发展提供理论阐释和指引。从这个意义上讲，本书兼具学术与资政两大重要功能。

此外，本书还有其他一些重要特色。首先，本书有着鲜明的公共管理视角。它把社会服务的发展与公共政策分析相结合，在公共政策与公共治理的理论视角下来分析社会服务制度的创设。其次，它有着鲜明的比较视角。本书对英国、美国、丹麦等不同体制下的社会服务发展，包括政策体系、资源配置、服务内容、资格认定、检查监督等方面，进行了比较完整和系统的介绍，并与中国的情况进行了对比，具有强烈的比较研究视角。这种比较视角，不仅展现了中国与外国在社会服务发展上的差距与差异，而且也为中国社会服务制度的建构和发展提供了重要的借鉴。

当然，本书中的一些观点还可以进一步讨论。这里仅举一例。在讨论中国社会服务制度的创设时，李兵教授认为应该采用"社会自由主义"模型的公共支出比例作为中国社会服务制度建立的起点,而且认为中国社会服务制度创设应该采取"混合经济"的社会照料服务模型。虽然这些观点的提出有其现实的考虑,尤其是公共支出的现状,但是中国社会服务制度的创设不能仅仅从公共支出着眼,还要考虑其背后的价值基础,以及基于社会主义原则的进步性。

整体来说,这是一本具有理论创新和政策创新的力作,是我国社会政策领域的实践者和研究者必须参考的重要文献。期待李兵教授的第五本社会服务著作。

岳经纶

2019 年 7 月 20 日于中山大学

序二　中国社会服务国家建设亟须构建社会服务制度

随着人类进入现代社会，社会服务的重要性越来越凸显。人生在不同的阶段需要不同的社会服务：在年幼时，需要日托、儿童服务；在中年时，需要收入维持和就业服务；在年老时，需要养老服务，甚至长期照顾服务；在临终时，需要临终关怀服务，等等。各项社会服务发挥着不同的作用，社会服务贯穿了人的一生，不可或缺，也不可替代。

从全球视野来看，20世纪90年代末以来，发达国家社会服务的增长速度加快，社会服务范围已从少部分的社会弱势群体扩展到全社会成员，社会服务内容也在不断增加，并以普遍性原则加以实施，社会服务成为提升全社会福祉的主要路径和手段。随着人口老龄化速度的加快，特别是家庭结构的变化和经济产业结构的调整，福利国家出现了"社会服务化"的新趋向，即现金给付相对减少，社会服务已成为主要的给付方式之一，"社会服务国家"开始出现。

特别是近二十多年来，西方发达国家在社会政策的改革中以社会投资为理念，以社会服务为政策工具，促进将更多的资源投入到劳动力激活、家庭支持、特殊群体照顾与保护等社会服务领域，通过最大限度人力资本的"激活"与"积累",给予人们"再次融入的机会"和"良好开端的机会",使各类社会群体减少对现金给付的"硬依赖",转向依靠自身来提高生活水平,使其具备积极参与劳动力市场和社会生活的能力,从而提高社会凝聚力和国家竞争力。

社会服务对中国是一个老概念,也是一个新问题。在计划经济时期,通过单位服务为主和民政服务为辅的社会服务体系,我国实现了对集体成员与边缘群体的服务保障。改革开放之后,通过单位服务的社会化及社区服务的兴起,社会服务从封闭走向开放,我国社会服务体系面临重构,社会服务由此处在转型发展之中。近年来,在我国服务型政府的建设中,基本公共服务被放在重要的位置,提供基本社会服务已作为政府的主要职能之一。在2012年7月国务院颁布的《国家基本公共服务体系"十二五"规划》中,首次把"基本社会服务"作为国家基本公共服务的一个重要领域。基本养老服务、社会福利服务、社会救助服务、优抚安置服务等被统括为"基本社会服务"。基本社会服务列为单独门类,独立规划编制,纳入民生指数指标体系和统计指标体系。在2017年1月国务院颁布的《"十三五"推进基本公共服务均等化规划》中,进一步明确提出国家建立完善基本社会服务制度,为城乡居民提供相应的物质和服务等兜底帮扶,重点保障特定人群和困难群体的基本生存权和平等参与社会发展的权利。基本社会服务包括最低生活保障、特困人员救助供养、医疗救助、临时救助、受灾人员救助、法律援助、老年人福利补贴、困境儿童保障、农村留守儿童关爱保护、基本殡葬服务、优待抚恤、退役军人安置、重点优抚对象集中供养等。民政部被赋予了履行基本民生保障、基层社会治理、基本社会服务等职责。目前,基本社会服务已成为民生的"硬核",社会服务供给水平成为高质量发展的标志之一。

随着我国经济和社会的发展，人们生活水平和生活质量的提高，社会服务不仅要满足国民的生存需求，更要满足社会的发展需求。今后，更多有关教育、医疗、住房、就业、文体等服务方面的内容，也会逐步纳入基本社会服务的内容之中。这个意义上的基本社会服务是为大多数成员所共享，并作为纯公共物品和准公共物品向全体国民提供的。因此，通过扩大社会服务范围，明确基本社会服务的公益性，有效增加基本社会服务的供给，这是促进社会服务在中国大发展的可选择之路。从现代社会服务的发展重点看，必须着眼于人力资本这一能力建设的核心要素，开发和提高个人的能力和素质，促进经济和社会的发展。一方面，最大限度提升劳动者，尤其是青年失业者和长期失业者，以及弱势群体自我发展的能力，使其能够成功地抵御风险，着眼于国家的"现在"；另一方面，通过早期教育、健康管理和照顾服务等措施投资儿童，关注国家的"未来"。总之，社会服务必将大有可为，也必将大有作为。

与社会服务日新月异发展相对的是，相关的研究性著作却寥寥可数。李兵教授是中国社会服务30人论坛主要成员，长期以来他坚守在社会服务领域开展有步骤、有计划的研究，并积极参与各级政府的决策咨询服务工作。这本呈现给读者的《社会服务制度框架构建研究》，是他近年积极开展这一领域研究工作的重要成果。该书是对社会服务制度的探索性研究，一方面系统介绍了境外社会服务制度研究和发展的最新成果，另一方面聚焦中国社会服务制度建设中的主要问题。全书理论性强，研究深入，观点鲜明，文风朴实。目前，中国社会服务制度正处在建设的关键阶段，《社会服务制度框架构建研究》一书的推出真是适逢其时。

在该书即将付梓之际，我期望《社会服务制度框架构建研究》的出版能够为我国社会服务事业的蓬勃发展作出有益的贡献，并祝愿社会服务理论与制度的研究走向繁荣！

林闽钢

2019 年 6 月 18 日于南京大学

目 录

第一章 导论 …………………………………………………………… 1
  第一节 研究目的和意义 ……………………………………………… 1
  第二节 社会服务发展历程 …………………………………………… 2
  第三节 社会服务定义和共识 ………………………………………… 10
  第四节 社会服务制度框架结构 ……………………………………… 12
  总　结 ………………………………………………………………… 15

第二章 社会服务领域政策理论建设 ………………………………… 17
  第一节 社会服务领域需要定位于政策的理论 ……………………… 17
  第二节 社会服务领域政策理论的结构要素 ………………………… 20
  第三节 社会服务领域政策理论的主要类型 ………………………… 22
  第四节 构建社会服务领域政策理论的途径 ………………………… 25
  总　结 ………………………………………………………………… 28

第三章 政策基本属性和社会服务制度创设 ………………………… 30
  第一节 社会服务的基本政策属性 …………………………………… 30
  第二节 社会服务的政治从属性 ……………………………………… 31
  第三节 社会服务的专一政策属性 …………………………………… 35

  总　　结 …………………………………………………………… 40

第四章　政策体制理论和社会服务制度创设 …………………… 42
  第一节　政策体制理论的构架 ………………………………… 42
  第二节　政策体制构成要素的解构性分析 …………………… 45
  第三节　政策体制理论与社会服务创设活动 ………………… 50
  总　　结 …………………………………………………………… 54

第五章　公共政策治理框架和社会服务创设 …………………… 55
  第一节　政策和治理：多视角的理解 ………………………… 55
  第二节　公共政策治理框架的建构 …………………………… 58
  第三节　社会服务创设中政策治理的关键议题 ……………… 61
  总　　结 …………………………………………………………… 66

第六章　社会服务模型与基本社会服务制度创设 ……………… 68
  第一节　确立中国社会服务的福利意识形态 ………………… 68
  第二节　确立中国社会服务模型 ……………………………… 71
  第三节　基本社会服务制度与政府的职责 …………………… 76
  第四节　确定、选择和整合社会服务对象 …………………… 78
  总　　结 …………………………………………………………… 87

第七章　社会服务行政主管机构和政策的整合与创设 ………… 88
  第一节　外国社会服务行政主管机构设置和政策法规 ……… 88
  第二节　中国香港和澳门社会服务行政主管机构
     　设置和政策法规 ……………………………………… 95
  第三节　中国中央政府社会服务行政主管机构和政策
     　法规整合与创设 ……………………………………… 99
  总　　结 …………………………………………………………… 103

第八章 社会服务财金制度整合与创设 ………………… 105
第一节 外国社会服务财金制度安排 ………………… 105
第二节 中国香港和澳门社会服务财金制度安排 …… 116
第三节 中国中央政府社会服务财金制度创设 ……… 119
总 结 ………………………………………………… 126

第九章 社会服务资格认定制度创设 ……………………… 128
第一节 外国社会服务对象资格认定 ………………… 128
第二节 中国香港和澳门社会服务对象资格认定 …… 134
第三节 中国中央政府社会服务对象资格认定整合与创设 … 143
总 结 ………………………………………………… 146

第十章 社会服务设施布局和服务项目供给优化与整合 …… 147
第一节 外国社会服务设施布局和服务项目供给 …… 147
第二节 中国香港和澳门社会服务设施布局和
服务项目供给 ………………………………… 163
第三节 中国中央政府社会服务设施和服务项目
供给优化与整合 ……………………………… 180
总 结 ………………………………………………… 186

第十一章 社会服务监督检查制度创设 …………………… 187
第一节 外国社会服务监督检查制度设置 …………… 187
第二节 中国香港和澳门社会服务监督检查制度设置 … 197
第三节 中国中央政府社会服务监督检查制度创设 … 208
总 结 ………………………………………………… 213

第十二章 社会服务制度建议框架 ………………………… 215
第一节 建立基本社会服务制度 ……………………… 215

第二节　建立和完善社会服务行政制度 …………………… 218

第三节　整合和完善社会服务设施和服务项目 ……………… 221

第四节　管理和监督检查 ………………………………………… 231

参考文献 …………………………………………………………… 237

后　　记 …………………………………………………………… 258

第一章　导论

第一节　研究目的和意义

社会服务被许多国家和地区视为保护公民的最后一张社会安全网。在英国，社会服务与卫生、教育、收入维持和就业、住房一起被看作是社会政策的五个关键领域（迪安，2009）。在美国，社会服务被看作是继教育、收入转移支付、卫生、住房和就业培训之后第六个人类服务系统（Kahn & Kamerman，1980）。在丹麦，社会服务被看作是其福利国家的最重要的特征。在欧盟，社会服务的预防作用得到重视并被看作是社会保护的核心要素，欧盟强调其对于实现欧盟的基本目标，诸如促进社会聚合、保持高就业率和经济增长等具有重要意义。欧盟还在超国家层面上出台社会服务政策，通过社会服务制度建设来协调成员国的相关活动，社会服务成为欧盟实现一体化的重要政策工具之一。在上述以及其他北欧国家、捷克和新加坡等国家，社会服务自成体系，制度建设较为完善，发展较为成熟，对中国构建社会服务制度具有借鉴意义。

当今中国，社会经济快速发展，同时不断产生着诸多社会风险，如人口老龄化、残疾人社会融入、儿童和未成年人的成长以及家庭问题等。预防和解决这些社会风险的一个关键环节是建立一个有效的社会服务体系。相比较而言，中国中央政府（不包括香港特别行政区、澳门特别行政区和台湾省，因为这三地已经建立了基本社会服务制度）的社会服务制度还处于初创阶段，尽管有了一定的基础，但社会服务制度的碎片化特征明显，抗社会风险能力较为薄弱，服务供给与满足公民需求之间存在较大差距，管理、监督和评估水平相对滞后，远不能适应社会建设和改善民生的目标和要求。正因为如此，2018年底，新一轮的政府机构改革将"强化基本民生保障职能，为困难群众、孤老孤残孤儿等特殊群体提供基本社会服务"纳入《民政部职能配置、内设机构和人员编制规定》中。2019年4月初，在第十四次全国民政会议召开之际，习近平总书记对民政工作作出重要指示，要求各级民政部门要聚焦脱贫攻坚，聚焦特殊群体，聚焦群众关切，更好履行基本民生保障、基层社会治理、基本社会服务等职责，为全面建成小康社会、全面建设社会主义现代化国家作出新的贡献。李克强总理指出要着力发展基本社会服务，解决好群众关切的"为难事"。党中央和国务院的战略部署为社会服务制度建设指明了方向。我们必须以此为契机，加强社会服务领域的理论、制度和政策研究。

第二节　社会服务发展历程

一　外国社会服务行政机构发展历程

二战以后，随着社会经济的快速发展，社会问题的大量涌现，人们对社会公平的预期不断提高，同时，日益增加的经济财富为解决棘手的社会问题提供了必要的条件。于是，欧美等许多发达国家的政府纷纷成立社会服务机构，积极制定社会服务政策法规，并依法开展社会服务（李兵，2011）。

在英国，20 世纪 60 年代中期，个人社会服务统一的提供方式首次得到公众的认可。1968 年，《希伯姆报告》（*Seebolm Report*）的出版，才开始有了一个解决社会服务碎片化的组织结构的行动计划（Adams & Shardlow，2005）。《希伯姆报告》建议，通过在地方政府中创建单一的社会服务部门，用统一的方式提供更有效的个人社会服务以满足个人和社会需求。该报告还提出了满足有效需求和特殊形式的行政管理结构之间的关系。在此报告的影响下，英国政府出台了《地方当局社会服务法》（*Local Authority Social Services Act* 1970），地方政府建立了社会服务局，为英国地方的社会服务提供了政府框架和合法性基础（见专栏 1.1）。

专栏 1.1

> 现有的服务存在数量不足，覆盖面不广，质量不保证，合作效率不高，获得服务的困难性等缺陷。造成这些缺陷的原因是资源缺乏、知识不够和责任分割。该报告认为，个人社会服务最重要的方面是社区中的社会照料，意味着需要重新定义社会服务工作的领域。
>
> ——Adams & Shardlow（2005）

美国联邦政府从 20 世纪 50 年代开始向社会服务提供资金。1967 年到 1972 年，联邦政府把向州政府提供的社会服务拨款预算最高限额限定为 25 亿美元。1974 年，《社会保障法》（*Social Security*

Act）增加了第二十章《社会服务固定拨款法条》。此后，联邦政府在州政府的呼吁下，把拨款预算最高限额上调至 1980 年的 29 亿美元（Tenhoor，1982）。1981 年达到峰值，大约有 32.5 亿美元。1982 年，联邦政府把向州政府社会服务固定拨款（SSBG）预算的最高限额下调为 24 亿美元（Lynch，2013）。从 2001 年起预算的最高限额均固定为 17 亿美元，然而从 2013 年至 2016 年，每年的 SSBG 预算只有 16 亿美元（见图 1-1）。SSBG 作为一个应对灾难的有用的政策工具，为低收入者提供了必要的社会保护。但 SSBG 支出减少一是让低收入者难以获得必要的服务；二是给大多数州的财政预算造成压力，迫使州削减福利服务开支；三是会导致更多的贫困和更少的机会（Pavetti & Floyd，2016）。

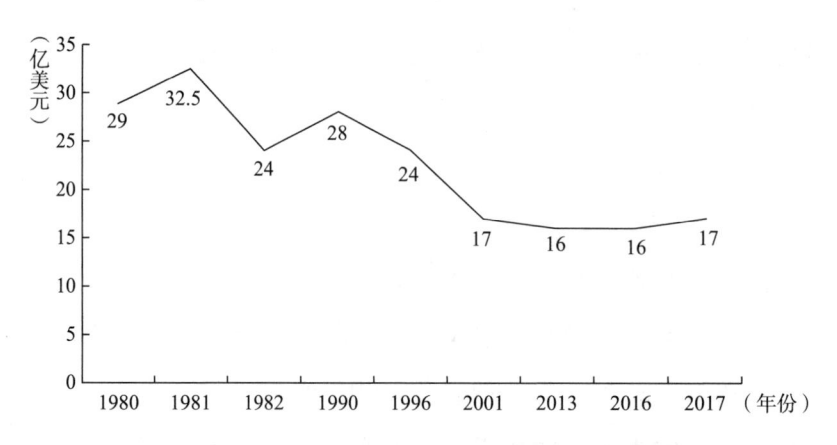

图 1-1　美国 1980 年至 2017 年主要财政年度 SSBG 预算支出

资料来源：Lynch（2013）；U. S. Department of Health and Human Services（2015）。

丹麦在 19 世纪 90 年代就有了社会服务，标志是 1891 年颁布的《贫困法》和《老年援助法》，后来分别演变为《社会援助法》和《老年退休金法》。到了 20 世纪 60～70 年代，经济财富积累迅速增加，丹麦社会部门支出占 GNP 的比例从 1969 年的 10.3% 增加到 1979 年的 17.1%（Holst & Ito，1982）。在 1970 年代，社会服务被看作是丹麦福利国家最重要的特征。如今，丹麦的社会服务法几经修改，社会服务制度更加完善，丹麦也成为社会服务领域的样板国家。

瑞典在20世纪30年代就有了社会服务项目，从20世纪60年代开始，尤其是70年代，随着经济实力的增强，社会服务投入迅速加大。瑞典1975年的社会服务支出比1960年增加了6倍，占GNP的比例增加了2倍（Tengvald，1982）。与丹麦一样，瑞典的社会服务也是福利国家的典范。

捷克独立后，便于1990年成立了主管社会服务的劳动和社会事务部，社会服务支出近34亿欧元，比以前有了较大的增加。如今捷克的社会福利体系朝着更加完善的方向继续努力。

印度、斯里兰卡、喀麦隆等发展中国家，尽管在建国初期，经济发展水平低下，人均GNP只有几百美元，甚至不足100美元，但受到殖民地时期宗主国的影响，也迅速成立社会服务的政府机构，并积极倡导、制定和实施社会服务政策和项目。如纳米比亚和斯里兰卡一独立就分别于1990年和1948年成立主管社会服务的部门。印度则在60年代开始实施社会服务项目。

可以说，现代社会服务则起源于二战后的英国和美国。英国1970年颁布的《地方当局社会服务法》和美国1974年在《社会保障法》增加的第二十章《社会服务固定拨款法案》，是现代社会服务制度建立的标志。在这两个国家的影响下，20世纪70年代末以后，瑞典、冰岛、挪威、丹麦、乌克兰、捷克等国家陆续出台社会服务法，还有一些国家出台了部门的社会服务政策法规。现如今，欧洲大部分国家以及美国、加拿大、日本、新加坡、澳大利亚、南非等国家和地区已经建立了较为完善的社会服务体系。更引人注目的是，欧盟还在超国家层面上出台社会服务质量框架来协调成员国的相关活动，社会服务质量框架成为实现欧盟一体化和经济增长的重要工具之一。

二 中国社会服务发展历程

研究中国社会服务制度创设，首先有必要回顾和了解香港特别行政区、澳门特别行政区和台湾省社会服务发展历程，相比较而言，港澳台三地以香港和澳门最为典型，本章重点简要回顾香港和澳门社会服务发展历程。

1. 香港社会服务发展历程

香港社会服务肇始于民间团体的救援工作。历史最悠久、规模最庞大的东华三院，创始于1870年，保良局开始于1878年，这些志愿机构一度成为香港提供社会服务的主力。20世纪40年代，第二次世界大战结束，香港的经济及社会环境产生剧变，加上大量难民由内地涌至，大规模的救济工作变得刻不容缓，慈善团体及福利机构遂纷纷成立，为市民提供适切的服务及援助。为了有系统地统筹及策划各种福利服务工作，志愿组织组成了"紧急救济联会"。由于福利机构的数目不断增加，所提供的服务亦日趋多元化，协调和联络的工作变得更加重要。1947年，联会蜕变而成香港社会服务联会，并于1951年正式成为法定团体。直至1958年香港社会福利署成立，政府才正式管理并主动协调社会服务的政策规划（李海荣、李兵，2012）。经过第二次世界大战后70年的演变，时至今日，香港的社会服务体系日臻成熟，形成了既具香港特色，又有中国传统的社会服务模式。

2. 澳门社会服务发展历程

澳门社会服务发展大致经历了四个阶段。第一个阶段为创立期，从 1938 年至 1959 年；第二个阶段为发展期，从 1960 年至 1979 年；第三个阶段为成熟期，从 1980 年至 1999 年；第四个阶段为繁荣期，从 1999 年 12 月 20 日回归至今（见专栏 1.2）。

专栏 1.2

澳门于 1938 年创办了公共慈善救济总会，主要的任务是向所有开展救济服务的社会团体提供资助，同时为贫困居民发放救济金，监管所有收容孤儿、弃婴和贫民。1947 年，改组成立公共救济总会，推行社会救济，对象包括贫穷人员、麻疯病人、孤儿、弃婴、不幸青年、孕妇和婴儿等，同时设立社会救济证系统，为普通居民提供覆盖面更广的救济服务。

1960 年，公共救济总会重组为公共救济处，开展更多不同类型的社会服务，同时亦逐步推行澳门社会服务设施的建设。1967 年，所提供的服务亦有很大的改进，例如加强了对失明及失聪人士提供教育和康复服务。救济处亦协助戒酒、戒毒的工作和为市民解决其他社会问题。更多的老人院舍、残疾者之家、幼儿院亦陆续出现。救济处所开展的工作已不再是单一的救济服务，已朝着多元化社会服务的方向发展。

1980 年 1 月 1 日，重新改组社会救济处，正式命名为社会工作司，把社会工作司所投入的服务提升为专业的服务。1986 年确立了澳门社会工作体系，社会工作司便进一步改组，由澳门总督、社会工作委员会及社会工作司组成，以更清晰地载明社会工作司的服务宗旨——通过提供金钱、物质的方式或技术支援，向有经济贫困情况的人士及团体提供社会援助、推广个人及家庭社会福利事业，进行社区发展工作。亦提出了平等、效率、互助和参与四大原则。为了方便求助者，在澳门不同地区设立了四个分区办事处（圣安多尼堂区及望德堂区分区办事处、风顺堂区及大堂分区办事处、花地玛堂区分区办事处、离岛分区办事处），让他们能在就近住所的分区办事处申请服务。在各区设立办事处的另一目的，是使工作人员能更深入民间，了解社会的需要，发展更符合市民需求的服务。另外，增设了研究暨计划厅，把社会服务发展推至更科学和更理性的层面。1990年后，着力发展社会援助，大力发展个案辅导工作，加强应对日渐严重和复杂的家庭及青少年问题。同时，通过加强对民间社会服务团体的技术和财政援助，广泛发展多类型的社会服务。1995年增设青洲分区办事处。1998年，设立了"家庭扶助办公室"。1999年6月21日，社会工作司再次重组，以达到"助民解困、共建新生"的总目标。

1999年12月20日澳门回归后，社会工作司改名为社会工作局，在澳人治澳、高度自治的方针下，继往开来地与社会服务机构携手合作，通过各种福利政策及服务措施，并陆续推出各项法规制度，回应澳门的社会需要。回归至今，除原有的社会工作委员会外，亦相继成立了长者事务委员会、康复事务委员会、禁毒委员会和妇女及儿童事务委员会。与此同时，社会服务不断推陈出新，例如单亲家庭服务、护儿服务、防治赌博服务、食物补助服务、青少年外展服务、新型家庭综合服务、社会企业等。近年来，社会工作局和社会服务机构的合作迈向了新的阶段，于2015年革新了资助制度，为社会服务的持续发展创造更好的条件。为配合社会发展及服务的需要，社会工作局于2016年1月1日再次进行架构重组，并将社会重返职能纳入其中，扩大了职能和行政架构，使各社会服务领域的职能分工得以优化和更合理配置。目前，服务覆盖社会援助、个人及家庭、儿童及青少年、安老、康复、防治药物依赖、防治赌博问题、社会重返等范畴，期望为市民提供更多元化和更专业的社会服务。

——澳门社会工作局（2019）

香港和澳门的经验对于中央政府创设社会服务制度具有重要的借鉴价值。

3. 中国中央政府创设社会服务

随着经济实力的不断增强，社会财富的大量积累，加强和完善社会建设，努力保障和改善民生成为社会的普遍共识。在此社会经济背景下，中国中央政府努力致力于社会政策的完善。中国中央政府构想创建社会服务大致始于2010年。从2010年起，相关政策文件和统计年鉴（公报）中开始陆续使用社会服务这一政策概念。

（1）《国家基本公共服务体系"十二五"规划》设立第六章"基本社会服务"。这是中国中央政府在政府文件中首次使用社会服务。

（2）2012年国家统计局出版的《中国统计年鉴》和《2012年国民经济和社会发展统计公报》中首次列出"卫生与社会服务"统计栏目。

（3）2015年新修订的《中华人民共和国老年人权益保障法》设立第四章"社会服务"。

（4）《"十三五"推进基本公共服务均等化规划》设立第八章"基本社会服务"。

（5）2012年出台《中央财政支持社会组织参与社会服务项目实施方案》和配套政策《中央财政支持社会组织参与社会服务项目资金使用管理办法》等。

（6）2016年出台的《"十三五"社会服务兜底工程实施方案》，可以说是严格意义上的中国中央政府颁布的第一部社会服务政策。

（7）2018年底，新一轮的政府机构改革将"强化基本民生保障职能，为困难群众、孤老孤残孤儿等特殊群体提供基本社会服务"纳入《民政部职能配置、内设机构和人员编制规定》中。

所有这些体现出了中国社会事业的进步，标志着中国社会服务制度进入初创阶段。但在实践层面，目前政府和社会各界对社会服务政策的属性和构建什么样的社会服务制度认识仍然不清楚，对社会服务的接纳度仍然有限。因此，在中国社会服务制度创设的初期阶段，有必要从比较社会政策的视角，结合已有的研究成果和实践，梳理社会服务政策的属性，以探索中国社会服务政策构建的基本路径。

第三节 社会服务定义和共识

一 定义

社会服务（Social Services）有广义和狭义之分。广义的社会服务包括卫生服务、教育服务、福利服务、住房服务、就业服务、个人社会服务等。英国社会科学家Titmuss（1963）最早从学术上对社会服务的定义从某种程度上反映了二战以后早些时期对社会服务的理解，他认为社会服务是"通过将创造国民收入的一部分人的收入分配给值得同情和救济的另一部分人，而进行的对普遍的福利有贡献的一系列集体的干预行动"。另一个代表性观点是 Baugh（1983）所列举出的美国社会服务领域，包括国民保险、补助金、儿童救济金、家庭收入补助、裁员费支付、国民健康服务、地方福利服务（个人社会服务）、儿童服务、教育服务、青年服务、就业服务、住房、缓刑期服务和病后护理服务等。

狭义的社会服务仅仅指个人社会服务（Personal Social Services），国际上简称 PSS，有时候也叫社会福利服务或社会照料服务。国际劳工组织在给东南欧国家编写的培训教材中将社会服务定义为针对大多数脆弱群体的需求和问题所进行的干预（Fultz & Tracy，2004）。脆弱群体包括因暴力、贫困、家庭瓦解、身体和精神残疾、年老而受到影响的人。服务项目包括康复、家庭帮助服务、收养照料和寄养、送餐服务、日间照料、寄宿照料，以及由社会工作者或相关职业提供的其他支持服务等。Munday（2007）认为，与标准化的服务相比，个人社会服务通常被提供给处于具体境况和有具体需求的个人。典型的 PSS 用户是老年人、儿童和家庭、残疾人、照料者。有其他各种各样需求和问题的人也使用 PSS，如吸毒者。提供服务的场所有个人的家庭、日间照料中心、住所机构等。提供服务的人员包括社会工作者、社会救助者、照料管理者、家庭帮扶者、治疗专家、幼儿园老师等。提供 PSS 的组织可以是国家、非营利性非政府组织、工商企业。最近几年，由第三部门提供社会服务的情况越来越突出。岳经纶（2010）认为我国亟须推广和普及个人社会服务概念和实务，大力发展个人社会服务，并且确立个人社会服务在我国社会政策体系中的战略地位。

二 共识

从目前掌握的情况来看，随着政府和学术界对社会服务的理解和认识程度的加深，英国、美国、欧盟成员国、以色列、新加坡、南非和斯里兰卡等国家和地区在更广阔的社会福利领域内，使用狭义概念将社会服务与其他服务区别开来。当然，由于国情不同，政府出台的政策法规中对于社会服务的内涵和外延的理解和使用或多或少有所伸缩/差别，但基本上都是围绕着PSS展开的。

总之，二战后通过半个多世纪的实践活动，关于社会服务，国际社会基本上以英国的社会服务法为基准，达成了主要的共识：社会服务是针对社会处境不利、遭受痛苦，或大多数脆弱群体的需求和问题所进行的干预，是政府实施的一项典型的社会福利政策，是捍卫基本人权和人的尊严的关键工具。服务的目的是改善这些人的生存状况，减少社会问题，提高个人、家庭和社区的社会福祉，维护社会公正，实现社会融合。服务的手段是提供支持性服务和项目。

第四节 社会服务制度框架结构

一 社会服务与相关政策之间的关系

明确社会服务的定义之后，还有必要梳理一下社会服务的政策归属。英国学者迪安（2009）认为，卫生和教育是基础性的社会政策。有关收入维持、就业和社会保障的社会政策可以借助它们确保社会安全和经济生产力。有关住房和环境的服务可以确保人类生存的自然环境，个人社会服务旨在为社会中最弱势的成员提供照顾或保护。

Kahn和Kamerman（1980）认为个人社会服务的任务主要有八项。一是促进个人的社会化和发展。二是传播社会服务信息，方便人们获得社会服务。三是确保脆弱老年人、残疾人等获得基本社会照料和援助。四是当家长不能承担他们的角色时，为儿童安排替代的家庭或寄宿照料，或创造新的持久的家庭关系。五是为面临问题、危机和疾病的个人和家庭提供帮助、咨询和指导，以重建他们的能力，并使他们能够克服困难。六是支持互助、自助和预防活动，克服社区生活中的问题，倡导政策和项目的更新以及服务计划。七是整合各种影响个人和家庭的项目或服务，确保最大限度的合作。八是控制或监督可能伤害自身或他人的越轨者，方式是向他们提供照料、援助、指导等。

社会服务不仅是社会政策/人类服务的一个组成部分，也是公共政策的组成部分，同时还是政府提供的一种公共服务。无论如何归类，社会服务都是一项典型的由政府部门提供的社会福利活动，通常可以被看作为社会福利机构实施的那些活动。严格地说，纯粹的商业性服务不包括在社会服务的范围内，即便两者的界限很难划分。当然社会服务并不能完全排除商业性服务，因为在许多国家和地区有一部分社会服务是由政府资助并由私人机构提供的（Antonnen & Sipila，1996）。社会服务不是要取代或矫正家庭服务，而是对新的社会形势做出的新的反应。社会服务承担的功能可以被概括为两个：一是社会服务强化和修复家庭和个人正在承担的功能和角色；二是社会服务提供新的机构渠道和形式来承担家庭、亲属网络和邻里不再履行的社会化、援助和角色确定等功能（Kahn，1979）。

二 社会服务制度框架要素

根据以上对社会服务定义、共识和政策归属的理解和阐述，本书将社会服务制度总体框架设立为社会服务基本制度设置、行政制度设置、供给制度设置和监督检查制度设置等四大板块，并围绕着这四大板块展开中国社会服务制度创设的一系列研究工作（见图1-2）。

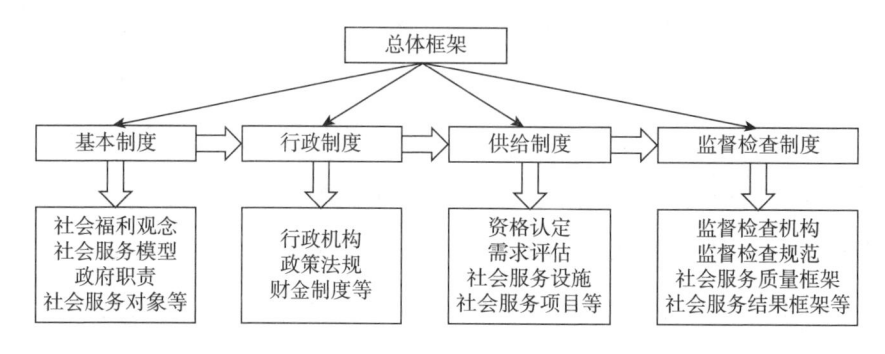

```
                        总体框架
          ┌───────────┬─────┴─────┬───────────┐
       基本制度      行政制度     供给制度    监督检查制度
          │            │           │            │
     社会福利观念    行政机构    资格认定     监督检查机构
     社会服务模型    政策法规    需求评估     监督检查规范
     政府职责       财金制度等  社会服务设施  社会服务质量框架
     社会服务对象等             社会服务项目等 社会服务结果框架等
```

图1-2 社会服务制度总体框架

（1）基本制度设置主要包括社会福利观念、社会服务模型、政府职责、社会服务对象等。

（2）行政制度设置主要包括主管社会服务的行政机构、政策法规、财金制度等。

（3）供给制度设置主要包括资格认定和需求评估、社会服务设施、社会服务项目、社会服务发送、整合卫生和社会服务等。

（4）监督检查制度设置主要包括监督检查机构、监督检查规范、社会服务质量框架和结果框架等。

三 研究设计

总体研究架构主要分为三大块：理论研究→经验研究→政策建议。理论研究突出政策科学的视角，经验研究仍然定位于传统的规范主义方法论。

理论上，从概念和共识出发推导出政策的两个属性，从政策的两个属性推导出政策体制理论，从政策体制理论推导出公共政策治理框架。理论和经验研究上，从政策从属性到政策体制的思想观念、组织制度设置和利益安排这两个要素再到社会服务基本制度创设和行政制度创设；从政策专一性到政策体制的政策任务和政策范式这两个要素再到供给制度和监督检查制度创设。连接政策体制理论和经验研究所使用的是政策治理理论中的两个政策工具：一是整合，二是完善和改进（见图1-3）。

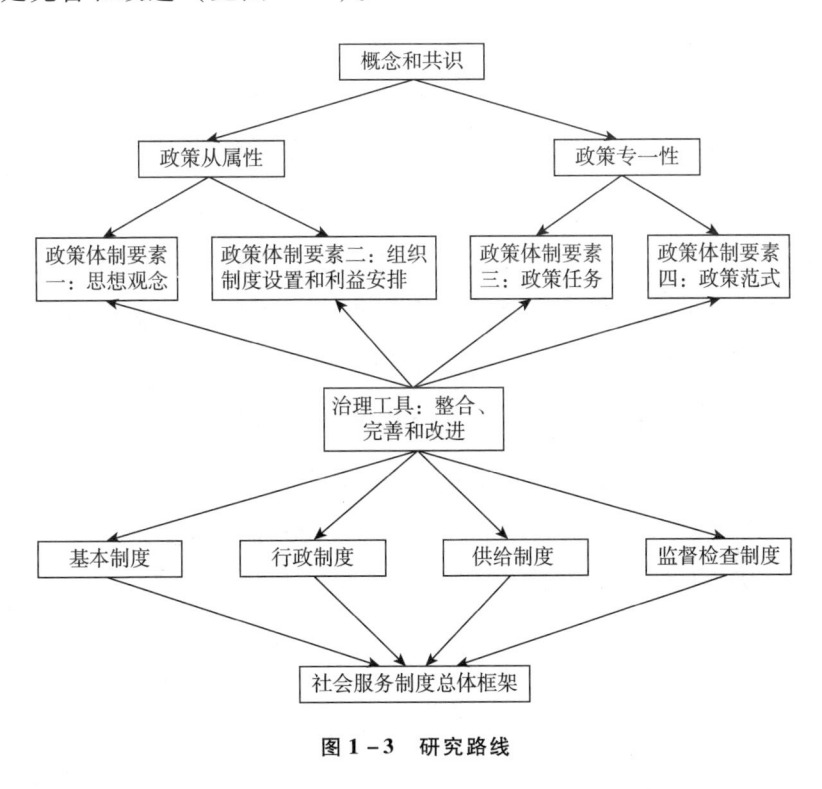

图1-3 研究路线

总 结

从以上的论述，得出五点认识。

第一，从国内外社会服务发展历程来看，社会服务就是一种从碎片化走向整合的制度。在社会服务发展过程中，整合既是手段，也是结果。

第二，社会服务概念和共识是创设社会服务的出发点。中国创设社会服务制度要围绕PSS展开，但由于国情不同，政府出台的政策法规中对于社会服务的内涵和外延的理解和使用可以有或多或少的伸缩/差别。

第三，无论是属于社会政策，还是属于人类服务，或者公共服务，社会服务都是一项典型的由政府部门提供的社会福利活动。严格地说，纯粹的商业性服务不包括在社会服务的范围内，即便二者的界限很难划分。

第四，要围绕社会服务基本制度设置、行政制度设置、供给制度设置和监督检查制度设置等四大板块展开中国社会服务制度框架创设的一系列研究工作。

第五，中国现在提出发展社会服务的经济发展水平与大多数发达国家20世纪60年代的情况大体相当，时间差距大约为40年至50年。如果按发达国家的标准，中国现在已经具备创设社会服务的条件，也应该大力倡导社会服务。

第二章　社会服务领域政策理论建设

第一节　社会服务领域需要定位于政策的理论

社会服务制度创设和完善包括众多议题，我们不能仅仅考虑政策法规层面和实践层面的创设，更要重视理论层面的建设，只有这样，社会服务制度建设的基础才更加牢靠。需要强调的是，社会服务领域不仅需要一般科学研究提出的理论，更需要用于指导社会服务政策和实践、定位于政策的理论，即政策理论（Policy Theory）。

检索社会科学研究文献可以发现，经济学、社会学、管理学和政治学等每个学科领域都有其独特的理论成果，理论建设的重要性不言而喻，大量的社会科学研究活动通常与理论建造，或与检验来源于理论的假设，或与实证研究紧密相关。而政策研究不是聚焦于单个学科，没有统一的理论或概念框架，因此，政策研究领域因其理论贫乏，经常遭受批评（Smith & Larimer, 2013）。实际上，政策作为一个研究领域而不是单一学科，它的理论构建方式与社会科学本身存在很大差异，加上政策领域问题的松散性和异质性等特点，这就决定政策理论构建异常艰难，理论成果相比于应用研究少之又少一点也不奇怪。但好的政策理论对于指导政策制定和实践的作用是巨大的，主要表现为理论和政策都是解释性的，两者都超越了数据和常识的限定。理论既能为政策提供更坚实的基础和有效的解释，又有助于政策的形成、政策效果的提高和政策影响力的扩大。就社会服务领域而言，大量的研究集中于政策的完善、改革和创新，理论成果虽然少但不乏亮点，如社会服务模型（Antonnen & Sipila, 1996）、整合的社会服务（Munday, 2007）和社会服务质量理论（毕克，2015）等为引导社会服务政策制定和实践发挥了积极的作用并产生了良好的效果。这就给我们一个启示：理论成果不可能像应用研究成果那样铺天盖地，但必须重视和加强理论研究。社会服务在很大程度上受到理论思想的影响，社会服务不仅是实践性工作，涉及政策方案的设计和实施，也会引出复杂的理论思想和信念。社会服务研究者应该努力创造理论模型，帮助社会服务政策制定者提高政策水平，尤其是中国社会服务正处于初创阶段更要如此。

要建立一个运行良好的社会服务制度，就必须考察理论对这一领域的重要价值。在社会服务领域，理论的政策用途可以从四个层次进行概括。

一是价值信仰层面的用途。福利政治意识形态体系能够让我们认识和了解各个社会部门解决人们需求的方式（O'Connor & Netting, 2011），对提升国家政策能力以及国家如何开展政策活动有至关重要的影响，最直接的表现形式就是帮助形成社会福利活动的框架（Howlett, Ramesh & Perl, 2009）。在社会服务领域，理论一定程度上成为政治家依据和使用的意识形态，理论能够证明社会服务这一特殊政策的合理性（Epstein, 2002）。

二是将价值信仰转化为政策的中间层次用途。理论为社会服务政策提供思想模式，帮助理解政策，因为思想模式引导人们从一般原理到实践。如果理论被很好地使用，理论就能够帮助阐明有关政策的思想和理念，并确定选择的结果是什么（Spicker, 2014）。这就是说，作为启发式的理论可以帮助指导我们的调查，提出我们要询问的问题和确定要实现的目标。它对于指导研究活动有价值，同样它对于政策选择也有价值（Portis & Levy, 1988）。例如，上文提到社会服务模型对于中国社会服务政策构建就是一个启发性设置。

三是具体政策制定层面的用途。如果研究和制定社会服务政策从理论开始，那么，可以从政策定位的理论中预期，政策定位的理论通过为政策制定者提供一个分析框架和为取舍杂乱的信息提供一些选择标准，来帮助政策制定者。在这个框架中，政策制定者的目标设计及达到目标的可能的手段、可能的问题及可能的解决问题的办法和局限等都可以被放置其内，并且相互关联（Albinski, 1986）。

四是政策落实层面的用途。试图运用和向前推进现存的知识来干预和提高人类的生存状况时，理论是有价值的。因为一个好的理论能够从经验现象中概括出许多个别的发现和结果，进而整合知识和解释知识，并导致随后的基于先前理论的新发现，据此预测未知的和未观察到的事物（Bengtson, Rice & Johnson, 1999）。例如，为了减少社会照料风险，政府可以运用生命进程理论并通过社会服务政策进行干预（李兵，2013）。

认识到了政策理论的用途后，接下来需要对社会服务领域政策理论的内涵、结构要素和所覆盖的层次等关键议题进行讨论。

第二节　社会服务领域政策理论的结构要素

　　理论不是经验材料的堆积，而是试图针对一个具体现象运用一套假设、命题和概念解释和揭示为什么和是什么的问题。作为一种特殊类型的理论，政策理论是任何把政策当作基本范畴，或者把政策作为其出发点的理论。政策理论是一套构成政策基础的关于社会和行为的假设，政策按照命题的形式形成，这些命题不仅反映了政策制定者关于政策目标群体的认知、态度和行为的一系列信仰，也涉及政策制定者做出假设所依据的更多的结构因素（Leeuw, 1991）。据此定义，按照和遵循 Albinski（1986）的观点和思路，本书认为，社会服务领域政策理论由六个结构要素构成。

　　第一，社会服务领域的政策理论必须包含对一个国家政治哲学、价值观和信仰体系的宏观描述。通过这种描述，使政治上使用的意识形态和相关社会服务政策结合起来，必然要求产生路线方针导向的理论。如西方的福利体制思想和中国的马克思主义福利观等。

　　第二，社会服务领域的政策理论必须包含对该政策领域的系统描述。这里使用的"系统"这个词，是强调用整体架构的方式整合零碎的知识的必要性，这种必要性导致系统导向理论的产生（Albinski, 1986）。

　　第三，社会服务领域的政策理论必须综合概述国家社会发展目标、相关部门社会发展目标和社会服务目标。在中国，由于各项社会事业的目标是要服从国家整体社会发展目标，同时，社会服务目标也要与相关部门的目标协调配合，因此，洞察整体目标和相关部门的具体目标是必需的，目标的协调必然要求产生经验理论。

第四,负责社会服务的部门从来不会在社会的、文化的、道德的和法律的真空中运作。社会服务政策以某种方式与其他政策领域相关联,也与文化的、道德的和法律的标准相关联。政策理论必须考虑所有这些因素(Albinski,1986)。

第五,社会服务领域的政策理论必须包括对政策领域活动的行政设置及其管理活动的描述。社会服务管理活动不仅指主管部门的资金管理、服务对象管理、服务提供管理活动,还涉及相关部门针对社会服务的管理活动,以及对社会服务整个运行过程的监督检查活动等,必然要求产生管理导向和业绩导向的理论。

第六,社会服务的政策目标可以通过使用一定的手段来完成。手段的选择不仅依靠它们的可获得性、可利用性和可操作性,也取决于预期的效果和效率。而且,必须在政策规定的框架内选择所使用的手段,同时也要考虑社会的、经济的、政治的、传统文化的和伦理道德的背景因素以及利益相关者介入的因素。另外,由于通常有多个部门参与社会服务领域活动,不同部门所使用手段之间也需要合作、协调和配合,政策理论必须洞悉这些手段被使用的内在逻辑。

以上六个结构要素决定社会服务领域的政策理论建设要采用"覆盖原理"的方法,即政策理论可以决定什么样的规范原理能够使社会服务政策保持概念和行动上的一致性、持续性和统一性(Portis & Levy,1988)。进一步说,社会服务领域政策理论是一种呈等级状的、覆盖四层面的理论。

顶层是围绕着价值和规范层面形成的理论。因为价值和规范层面的理论支配着所形成的政策的合法性和贯彻落实政策所选择的手段的合法性。

中间层是围绕着政策规定层面形成的理论。政策规定是在价值和规范理论的指导下，针对具体问题而形成的。这一层面的理论对于落实价值和规范，形成有效的政策，指导政策的贯彻落实具有承上启下的作用。

底层是围绕着行动层面形成的理论，这一层也可以被看作为贯彻落实层面。这一层面的理论一方面能够指导政策的贯彻落实，另一方面可以丰富和修正上述两个层面的理论。

围绕着以上三个层面之间和各层面内在的联系，以及社会服务与外部协调机制而形成的纵向和横向因果循环理论，是社会服务领域政策理论涉及的第四个层面。

可以确信，如果社会服务研究、政策制定和实践被嵌入到政策理论中，所建成的社会服务制度的效果和效用将大大增加。

第三节　社会服务领域政策理论的主要类型

社会服务领域的政策理论不是单一构造，它是一个理论集。根据政策理论的"覆盖原理"，本书对社会服务领域所需要的政策理论进行类型学的分析。

（1）萨巴蒂尔（2004）认为需要在三个特征层次上进行理论构建工作，即框架、理论和模型，他认为每一层次上的分析提供了与某一问题相关的不同程度的特征。以他的观点为指导，本书认为，社会服务同样需要从这三个特征层次上构建理论。第一，综合框架的开发和运用，有助于确认社会服务制度分析中需要考虑的要素以及它们之间的关系。第二，理论的开发和运用，有助于明确说明框架中的哪些要素与社会服务中某一类问题特别相关，并做出与这些要素相关的一般的研究假设。第三，模型的开发和运用，有助于预测社会服务制度选项。

（2）从解释范围来看，社会服务领域政策理论需要由宏大政策理论、中层政策理论和微观政策理论三种层次构成。

宏大政策理论是一种抽象综合类型的理论，试图将社会服务政策作为一个整体，对社会服务进行无所不包的解释，如西方的社会福利理论。当前中国亟须构建的马克思主义社会服务理论，提出了不能排除吸收西方社会福利理论的合理因素。由于宏大政策理论过于抽象、存在无法检验、无法证实、缺乏精确性与操作性，再加上社会服务领域宏大政策理论主要涵盖政策理论结构要素中的顶层部分，因此，宏大政策理论需要转化为指导政策制定和实践的中层理论和微观理论。

中层政策理论是介于宏大政策理论和微观政策理论之间的一种理论，试图解释社会服务领域有限范围的政策现象。中层政策理论既关注一般性政策问题，又能提出切实可行的理论假设；既能够提供价值取向的指导，又能够获得事实证据的支持。中层政策理论旨在架设一条政策理论"实用化"的桥梁，缩小宏大政策理论与微观政策理论之间的差距，通过有限的中层政策理论可以发展出普遍性的政策理论体系，如政策科学的政策过程理论等。当前中国构建社会服务理论体系另一件要紧的事情是结合公共政策理论提出政策制定和实践的中层理论。

微观政策理论是针对社会服务领域每个具体的政策问题提出的理论。微观政策理论是对中层政策理论的合理分解、具体化和多角度阐释，具有针对性和操作性强的特点，如社会服务质量理论、整合的社会服务模型等。因此，构建社会服务政策理论体系需要发展众多直接指导社会服务政策和实践的微观政策理论，它主要涵盖政策理论结构要素中的底层。

（3）同其他领域政策一样，社会服务需要使用不同类型的序列理论：表象式理论（Representational Theory）、解释性理论（Explanatory Theory）、规范性理论（Normative Theory）。本书将米奇利关于社会发展使用不同类型的理论搬用到社会服务领域（米奇利，2009）。

表象式理论旨在描绘社会服务中存在的现象，将社会服务里可观察到的事情或结构转变为各种模型。表象式理论是最基本的理论形式，它不是解释事件为什么会发生，而是提供一个观念性框架，使因果分析得以进行（米奇利，2009）。表象式理论也对现象加以分类，并且使复杂的现实情况简单化，有助于我们理解复杂的社会服务体系。

解释性理论往往基于表象式理论，但其主要目的是解释某些事件为什么会发生。这些理论也将概念组织成可以通过经验检验的假设（米奇利，2009）。由于解释性理论旨在解释事件，显而易见，它们对于社会服务领域专业人员是不可或缺的。如果专业人员要提出能够有效指导或控制事件的政策，就需要知道这些事件为什么会发生。例如，如果专业人员要针对社会服务领域某一社会问题而实施有效的解决办法，如痴呆老人照料、无家可归者照料和戒毒服务等，就需要了解导致这一问题的原因。

规范性理论主要目的是用具体的标准来评估社会服务政策制定和实施的结果，同时提出有助于社会服务决策过程的目标和原则。规范性理论广泛应用于社会政策各个应用领域，对决定社会服务某些做法是否有效具有明显价值。因此，目前社会服务需要建立一个实质性规范理论体系。

虽然可以对三种理论加以区分，但它们实际上是相互关联的。

通过审视不同类型的理论，我们可以更好地了解社会服务领域政策理论的性质和用途。

（4）搬用 Sibeon（1989）和 Thompson（1995）的理论构架方式，笔者认为，社会服务领域第四种类型的政策理论是以问题为导向形成的，即社会服务是什么的理论、如何做好社会服务的理论和用户特性的理论。每个理论再分为正式理论（官方的、有文献记录的理论）和非正式理论（非官方的、没有文献记录的理论）（见表2-1）。每种类型理论中的正式理论和非正式理论，各自都有优势，也有局限，但可以相互补充和印证。这就给我们一个启示，即在社会服务领域政策理论的建设，不能完全迷信正式理论，要重视非正式理论的潜功能并将其转化为显功能。

表 2-1 社会服务领域以问题为导向的政策理论

类型	正式理论	非正式理论
社会服务是什么的理论	正式言明的、用文字表达的关于社会服务的福利性质和意图的理论	内化在政策制定者和实践者中，以及被用于确定社会服务的性质和意图的道德、政治和文化价值观
如何做好社会服务的理论	正式言明的、用文字表达的关于社会服务的供给理论、管理理论和实践理论等	从社会服务政策制定和实践经验中建构的未言明的非正式理论
用户特性的理论	正式言明的、用文字表达的关于用户的个性、社会行为、婚姻、家庭、阶级、性别等理论	政策制定者和实践者从经验中获得和使用的关于用户的个性、社会行为、婚姻、家庭、阶级、性别等性质的界定，以及由此形成的用于政策制定和实践的关于社会服务功能的知识和假设

资料来源：Sibeon（1989），Thompson（1995）。

第四节 构建社会服务领域政策理论的途径

Sabatier（2007）认为最有可能通向更好理论的路径是演绎和归

纳方法的混合。结合社会服务领域政策理论的结构和主要类型，笔者提出构建社会服务领域政策理论的途径有两个：一是采用演绎法将政策科学积累的理论运用于社会服务领域政策理论的构建；二是针对社会服务政策和实践本身采用归纳法构建。

一 公共政策理论与社会服务领域政策理论构建

长期以来，政策科学研究者围绕着政策面临的主要问题和议题，使用社会科学和其他学科的知识，提出了以帮助政府解决问题为导向的理论，力图对政府处理面临的关键问题有贡献（Smith & Larimer, 2009）。概括起来，政策科学领域的政策理论包括政策背景理论、政策变迁理论、政策过程理论和政策范式等。这些理论作为启发性设置，为社会服务领域政策理论的建设提供丰富的营养元素。例如，政策背景理论作为宏观理论告诉社会服务领域政策理论的研究者，要从"行动者、制度和观念"三个关键变量出发，把行动者依赖其所处的政治结构、经济结构和社会结构，作为影响政策重要因素的国家制度和社会制度，项目观念思想、符号框架和公众情感等观念纳入到理论构建视野中（Howlett, Ramesh & Perl, 2009）。

再如，政策过程理论作为中观理论和微观理论的集合体一直是政策科学的关注点。政策过程理论总体上由阶段启发法、多源流分析理论、间断-平衡框架、支持联盟框架和政策传播框架等概念性框架构成，这些概念性框架都孕育了旨在解释特殊情形的多种微观模型（萨巴蒂尔，2004），如政策制定理论中有理性主义模型和渐进主义模型等；政策贯彻落实理论中有从上而下模型和从下而上模型等；政策评估理论中有一致性模型和冲突模型等。政策过程理论的启发意义在于，它的一般原理对社会服务领域是适用的，社会服务领域政策理论的研究者需要引入、加工、改造和创新,形成社会服务领域特定的政策过程理论。

而政策范式概念作为一种解释性框架,它对社会服务领域政策理论构建的价值首先在于它抓住了理解公共问题背后的信仰、价值观和态度这些观念,并阐明观念和各种程度的政策变迁之间的联系(Howlett, Ramesh & Perl, 2009)。其次,范式如何操作的更具体的说明将为概念与其他对政策过程有影响的理论的完全整合提供一个基础(Wilder, 2015)。最后,通过过滤现实的概念使政策内容的分析成为可能(Howlett, Ramesh & Perl, 2009)。

二 从社会服务政策和实践本身构建政策理论的方法

Hoogerwerf(1990)总结了重构政策理论的多种方法,如因果假设重构方法、用图表反映因果假设方法、用目标树反映目标-手段关系的方法、过程方法和决策树构建方法等,并提出将各种重构政策理论的方法结合起来的综合办法。根据他的构建思路,本书提出从社会服务政策和实践本身构建政策理论的几种方法。

第一,通过因果关系形成假设,将支持政策的假设转化为政策模型。假设包括社会服务领域政策问题出现的原因,政策对其问题出现的原因所产生的效果,以及政策对其问题本身所产生的效果(Freeman & Sherwood, 1970)。

第二,通过目标-手段关系形成假设,将假设转化为社会服务政策项目的行动理论。要尽可能利用政府的信息、尽可能准确地描述社会服务政策措施及其所达到的效果,将措施变量和结果变量结合起来形成命题陈述,利用相关的理论来检验(Leeuw, 1983)。

第三,连接决策和政策理论的五个基本要素形成假设,为政策理论形成规范性框架。五个基本要素包括行动（服务管理者、服务提供者和服务对象的行动）、结果、达到结果的机会（可能性）、对结果的评估和决策规则（Gallhofer & Saris，1979；Saris，1984）。

第四，将以上三个类型的假设分别地或综合地贯穿到构成社会服务领域政策理论的结构要素中，并覆盖到社会服务领域政策理论结构要素所涉及的四个层面。不仅如此，社会服务领域政策理论应当在范围上更宽阔，并试图提出因果关系（Smith & Larimer，2009）。因此，需要根据以上三个类型的假设，形成一致性的总的因果假设（Hoogerwerf，1990），以此构建上文提到的社会服务领域各种类型的政策理论。

总之，运用演绎法可以从公共政策理论中构建出社会服务领域特定的政策理论，而运用归纳法不仅可以构建出社会服务领域特定的政策理论，还可以从社会服务领域特定的政策理论衍生出一般的公共政策理论。两种方法在逻辑上能够形成有机的结合。

总　结

基于社会服务领域政策理论的六个结构要素，选择所需要的政策理论类型，遵循适合社会服务领域政策理论构建的途径，在接下来的第三、四、五章，将依次探索社会服务的政策属性、政策体制理论和公共政策治理框架这三个具有逻辑序列的理论，并将三个理论贯穿到经验研究中去。

需要强调的是，虽然对社会服务领域的政策理论建设进行了分析，但这些研究只能说是初步的和探索性的，还很不完善。社会服务领域政策理论的结构、主要类型、建设途径和效果评估等研究仍然需要深化。并且，由于外部世界和实际情况的变化，社会服务领域政策理论的构建是连续不断的工作（李兵，2016b）。即便是已经存在的理论也不是永远完美的和有效的，它们需要完善、修正、重复证实，甚至完全重新思考。

第三章　政策基本属性和社会服务制度创设

第一节　社会服务的基本政策属性

英国最早认识到社会服务区别于其他社会福利政策的独特性质，于是自 1948 年起，个人社会服务就从社会保障中脱离出来（Hill，2000），并根据英国国家政治结构和政治治理的特点，由卫生和社会照料部管理社会服务。

从社会建构主义的观点来看，政策是某一活动领域的标签，是一般意图的一种表达或对事务的一种期望的陈述（Hogwood & Gunn，1984）。政策被更好地表达为我们如何理解世界，以便知道我们要做什么才能实现我们目标的认知结构（Kingdom，1997）。深入研究不同国家和地区的社会服务政策和实践活动可以发现，一方面，社会服务政策是社会观念框架的一部分，是一种给社会思想贴上标签的方式，以及证明实践和组织安排的正当性和必要性的一种方式（科尔巴奇，2005）。另一方面，社会服务是社会实践的产物，是实践的规范化和表达，是用于分析和治理实践方式的概念（Colebatch，

2009）。由于存在着相似的或不同的社会建构方式，不同国家和地区社会服务的哲学思想、政治观念、服务方式和运行程序上既有相同或相似的地方，也存在细节上甚至是本质上的差异。尽管如此，我们仍然能够为社会服务总结出一套共同的政策属性。

概括起来，社会服务具有两个基本政策属性。首先，社会服务政策具有政治从属性，即如果把政策视为政治过程或官僚过程的结果，那么必须要考虑政策与政治的关系（Hill, 1997）。一方面，社会服务要从属于政治意识形态和价值取向；另一方面，社会服务政策要从属于政府的结构和运行机制。因此，在制定和实施社会服务政策时，要考虑政府结构的政治复杂性。其次，社会服务政策拥有"专一性"（specificity）的特点，其中暗含着系统性和一致性原则（Levin, 1997）。社会服务政策把一系列活动纳入到一个共同的政策框架中，至少要具备某种程度的"专一性"特点，以便与其他公共服务政策或社会福利政策区别开来。如果说前一个政策属性是其他社会福利政策共有的，那么，后一个政策属性则是社会服务所特有的，最能反映社会服务政策的社会性质，凸显社会服务所要履行的诺言和所要承担的义务。提炼出社会服务一个共同的政策属性是有益的。它既可以为我们研究中国社会服务制度建设提供一个认识论框架，又可以为中国社会服务政策的设计制定和实践活动提供一张路线图和结构图。

第二节 社会服务的政治从属性

一 社会服务从属于福利政治意识形态

福利政治意识形态体系和政府结构对国家驾驭政策的能力以及

国家如何开展政策活动有着至关重要的影响,最直接的表现形式就是帮助政府形成社会福利活动的结构框架(Howlett, Ramesh & Perl, 2009)。

在社会政策领域,政治哲学关注基本概念和信仰系统,基本概念和信仰系统告诉我们看待各种社会部门解决人民需求的方式(O'Connor & Netting, 2011),并最终决定社会福利干预方法(Jagdish, 2004)。社会服务政策和战略的形成离不开社会、文化和政治背景,社会服务作为一种典型的社会政策是政府有意识的选择。政治意识形态为社会服务提出一个供给模式,并证明社会服务这一特殊模式的合理性。因此,深入理解不同的政治意识形态和价值信仰系统对社会服务的意义是必需的(O'Connor & Netting, 2011)。社会服务起源于资本主义国家。不同国家存在不同的福利政治意识形态,而不同的福利意识形态流派影响着各自社会服务供给模式的选择。根据 Antonnen 和 Sipila(1996)、迪安(2009)、芒迪(2011)、Spicker(2014)关于不同福利意识形态流派及其对社会服务影响的论述,社会服务的供给可以归纳为以下几种模式。

"社会自由主义"福利意识形态多采取"兜底"的社会服务供给模式。二战后,"社会自由主义"是影响社会服务供给的主流意识形态。奉行该福利意识形态的国家,如英国和美国等赞成个人主义而不是集体主义或团结主义的精神气质,承认国家可以扮演特定而有限的角色。从属于这一意识形态的社会服务采用剩余主义福利原理、选择主义方法和多元化提供方式,把社会服务作为一种福利安全网,服务瞄准最不能独立的服务用户和有限收入的人。国家不再扮演大包大揽和直接提供服务的传统角色,转而与其他部门的提供者签订服务购买合同。由于营利服务提供者和 NGO 在这一模型中起着越来越重要的作用,服务提供的私有化方式被运用于这一模式。

奉行"社会保守主义"意识形态的国家,如德国和法国等重视社会伙伴关系,强调社会团结而非社会平等,倡导对弱势群体的同情,多采取多元的社会服务供给模式。从属于这一意识形态的社会服务混合采用制度主义福利原理和剩余主义福利原理、普遍主义方法和选择主义方法,以及多元化的供给方式。除了倡导国家责任外,"社会保守主义"的国家非常注重 NGO 的作用,在资助 NGO 上起着主导作用,家庭在提供服务上同样负有主要责任。

奉行"社会民主主义"意识形态的国家,如丹麦和瑞典等北欧国家热心于集体主义,采用的是国家包揽的社会服务供给模式。从属于这一意识形态的社会服务采用制度主义福利原理、普遍主义方法和国家提供方式,国家几乎包揽所有的社会服务,服务的费用来源于总税收。地方政府在社会服务的计划和提供上起着关键作用,而 NGO 和营利组织的作用非常有限。

而奉行"生产主义"意识形态的国家,则采用经济至上的社会服务供给模式。如日本和新加坡等继承了传统中国文化,尤其是儒家文化的社会思想,同时吸收了欧美资本主义国家福利意识形态,形成了独特的社会服务模式。具体来说,就是采用制度主义福利原理、普遍主义方法和多元提供方式,由国家所属的社会服务理事会(类似中国残联一类的事业单位)提供社会服务,强调国家、社会、家庭和个人的共同责任。

在中国这样一个社会主义大国建立社会服务制度,需要把马克思主义和中国特色社会主义理论贯穿到社会政策领域。马克思认为,只要人存在,就有家庭存在,社会就要为其服务(马克思,1975)。马克思福利观强调从需要的角度出发建立社会福利制度,从社会机构的层面去探讨如何满足人群的需要。在坚持马克思主义基本福利理论的基础上，中国社会服务的福利意识形态还需立足中国的发展阶段，尊重历史传统因素，并吸收资本主义福利意识形态中的合理因素（李兵、陈谊、胡文琦，2014）。本书认为，现阶段在马克思主义福利观下，我国的社会服务供给模式应当是多元的，即政府在提供基本社会服务上具有决定性作用，同时应动员企业、社会组织等社会力量参与服务提供，继续发挥家庭、邻里等非正式群体的作用。服务提供的方式包括政府直接提供服务、政府购买服务等。

二 社会服务从属于政府结构

从类型学上划分，世界上的大多数国家一般采用联邦制或集权制（单一制）两种政府行政管理体制（Howlett, Ramesh & Perl, 2009）。在单一制国家中，如中国、英国、法国和日本等，各层级的政策联系在一起，减少多层次治理和政策制定的复杂性。中央政府可以选择下放一些权力给省（州）一级政府，但保留所有决策权，且中央政府的权威没有受到法理上的挑战。采用联邦制的国家，如美国、德国、巴西、澳大利亚、印度等，存在着两级政府，上下级关系并不紧密，在国家宪法框架内，省（州）一级政府享有独立的立法权。在两种类型的行政体制内部，国家间仍存在着或多或少的差别。

在不同的政府管理体制下，国家社会服务的从属部门和层级也会有所差异，概括起来，社会服务有四种管理设置：第一，由中央制定的社会服务法统一管理；第二，归口某个政府职能部门管理；第三，由多个政府部门管理；第四，从属于地方管理。无论是单一制国家还是联邦制国家，社会服务管理设置一般都会采用一种方式，或两种到三种混合方式。相应地，不同的管理设置形成三种不同的财政支持制度：第一，以中央拨款为主的财政制度；第二，地方财政承担、中央补贴的财政制度；第三，中央和地方两级财政制度。中国是单一制国家，未来社会服务管理职能如何设置，如何合理安排中央和地方的社会服务财政预算和支出，需要立足于国情和政策基础进行综合考量和制度设计。

第三节　社会服务的专一政策属性

社会服务政策的"专一性"特点在于，同其他与社会服务联系紧密的卫生服务、社会保障服务等公共政策相比，社会服务有特定的政策边界。卫生服务和社会保障服务是为全体公民分别提供健康服务和社会保险服务，而社会服务的对象则是具有一定风险性和脆弱性的特定群体。同时，社会服务的目标在于为这些特定群体提供保护管制和照料，具有很强的照护性，因此其质量的测量也更加侧重定性方面。

一　服务对象

社会服务的对象主要是脆弱群体。英国等大部分国家把服务对象设定为儿童、青少年及其家庭、老年人、残疾人、存在精神健康问题的人、药物依赖和吸毒者、无家可归者、照料这些人的照料者等。但也有些国家例外，如法国儿童服务主要由国家负责，国家的老年人社会服务职责则相对少些（芒迪，2011）。挪威在国家政策层面没有把儿童福利服务看作是社会服务的一部分，但是在许多地方政府特别是在县级地方政府，则把儿童福利服务纳入到社会服务中。

在中国，几乎所有国家确定的社会服务对象都有，而且绝对数非常庞大，问题复杂。此外，中国还出现了特殊的社会服务对象，最典型的就是失独家庭。比较起来，与卫生和社会保障对象涵盖全体人口不同，社会服务对象是全体人口中的特殊人群，专注于特殊群体的独立生活状况和社会融入，这就决定了社会服务在服务职责提供方式上具有专一性。

二　服务职责

社会服务的职责体现在两个方面：一是保护和管制，二是照料（迪安，2009）。一方面，保护和管制服务对象远离社会不利境况，使之免受身体的和精神的盘剥或虐待，矫正存在越轨行为或社会问题的人，帮助他们融入社会（见表3-1）。另一方面，为所有服务对象提供所需的吃饭、如厕、洗澡、走动、穿脱衣物、清洁个人卫生、上下楼梯、大小便控制、阅读、康复和紧急援助等日常照料服务，服务项目包括日间照料、寄宿照料、应急服务、家庭帮助服务、餐饮服务，以及由社会工作者、社会志愿者或相关职业提供的其他支持性服务等（Fultz & Tracy，2004）。需要说明的是，社会服务的两项职责不是绝对分割的，所有保护和管制活动都伴随着照料服务，但照料可以不包括保护和管制活动，独立进行。

表3-1　社会服务的保护和管制职责

服务对象	保护和管制职责
儿童	（1）为家庭有年幼且成长面临伤残或者疾病风险的孩子提供早期干预服务； （2）向正遭受痛苦，或可能遭受痛苦，并受到明显伤害的儿童提供庇护； （3）为失踪儿童和出逃儿童、遭受忽视和虐待儿童提供收养和寄养服务； （4）为存在情绪问题和面临辍学可能性的学生提供校园社会工作服务，为不幸或表现出叛逆或危险行为的儿童与青少年提供益友与督导服务；

续表

服务对象	保护和管制职责
儿童	（5）为受不良社会现象干扰的儿童和青少年提供服务； （6）为来自儿童和青少年机构的以及从监狱或强制性机构释放出来的人提供服务
残疾人	（1）向残疾人提供能够在特殊条件下就业和工作的设施； （2）为残疾人提供庇护性就业服务
无家可归者	为无家可归者和面临无家可归威胁的人提供庇护性服务
妇女	为遭受家庭暴力或虐待的妇女提供庇护性服务
老年人	确保老年人的权利，防止虐待、忽视和盘剥老年人
其他服务对象	（1）对住院或接受住所服务的人所属财产的临时保护； （2）为患有精神疾病的人提供监护； （3）为药物滥用者、酗酒者和吸毒者提供收容服务

资料来源：根据丹麦 *Consolidation Act on Social Services 2006*、挪威 *Social Services Act 1991*、瑞典 *Social Services Act 2001*、英国 *Local Authority Social Services Act 1970*、美国 *Title XX of the Social Security Act—Social Services Block Grant* 整理。

谈及社会服务的职责，离不开讨论社会服务与医疗卫生和社会保障的依存关系。就社会服务与医疗卫生的关系而言，社会服务与医疗卫生互动或重叠表现在许多方面，其中一个重点是大量的社会服务需要医疗卫生的配合，如痴呆老人的照料、临终关怀服务、残疾人康复服务、精神健康服务、戒毒服务等。目前国际上尤其是欧盟国家倡导"整合的社会服务"和"整合照料"，中国社会倡导"医养结合"，原因就在于此。另一个重点是社会服务与医疗卫生中的医疗护理（健康照料）的关系。这两种照料服务不容易区分，主要差别在于，医疗护理是在医院内辅助医疗的一种照料活动，而社会服务是在社会服务设施和机构中的一项照料服务活动，不过有时需要药物治疗辅助。正因为医疗卫生和社会服务联系紧密，英国、美国、瑞典和芬兰等国就把医疗卫生和社会服务放在一个政府部门管理。但冰岛、丹麦和捷克等国为了突出对脆弱群体的保护和照料，将社会服务与医疗卫生分开，放在社会事务部门管理。

就社会服务与社会保障的关系而言，两者也存在一定的依存关系。一方面，社会保障为社会服务活动提供相当数量的资金支持。另一方面，社会服务某些项目的实施要考虑社会保障的承受力，尽可能寻求社会保障资源的使用并能够得到额外的帮助。但提供资金支持的社会保障和提供照护的社会服务毕竟在功能上有差异，所以为了将社会保障的保险功能和社会服务的照护功能从行政管理结构上区别开来，更加突出各自的"专一性"特点，提高管理和服务效率，形成有效的社会服务需求，英国自1948年起，个人社会服务就从社会保障中脱离出来（Hill，2000），归到卫生和社会照料部管理。此后，虽然瑞典把卫生、社会保障和社会服务放在一个部门管理，冰岛、丹麦和捷克等国把社会服务和社会保障放在一个部门管理，但它们都下设专门的社会服务局（机构），将社会服务业务独立。目前中国社会各界对两者关系逐步有了清晰的认识，但如何在机构设置、立法、财政制度等方面真正将社会服务独立起来，需要社会各界共同努力。

总之，与医疗卫生专注预防、治疗疾病，人口健康和社会保障专注对国民收入进行分配和再分配、保障公民的基本生活需要不同，社会服务体现的是一种针对特殊人群的保护和照料。但在实际运作中，社会服务要履行其职责离不开医疗卫生和社会保障的支持。

三 社会服务质量管理

在中国，一提到制定养老服务、残疾人服务和儿童照料等社会服务质量管理标准，普遍会想到参考和采用传统的质量管理方法，特别是ISO 9001质量管理系统。如2014年1月，民政部、国家标准委、商务部、国家质检总局、全国老龄办联合印发《关于加强养老服务标准化工作的指导意见》,提出要按照《国家标准管理办法》、《行业标准管理办法》等有关规定,加快健全养老服务标准体系。但社会服务的质量与物质产品(如电视、手机和空调等)的质量是不同的。表3-2表明,物质产品和社会服务的区别决定了传统质量管理系统能够对社会服务质量管理有所贡献,但显然不能全部照搬和使用。

表3-2 物质产品与社会服务特性差异比较

	物质产品	社会服务
形态	有形的和客观的	无形的和主观的
所有权	可以从卖者转给买者	不可以从卖者转给买者,不能被授予专利权
标准	可标准化的,是生产和制造过程的结果	特制的,包含服务提供者的观点和服务对象的观点
持久性	不易消亡性,有储期	易消亡性,无储存期
分割性	生产和消费具有可分割性	提供服务和消费服务具有不可分割性
测量	产品可以计量	测量质量通常是困难的,是专业人员和用户之间互动或干预的结果

资料来源:毕克(2015)。

社会服务不仅与物质产品存在重要区别,与医疗卫生和社会保障等相关社会政策相比,也存在一定差异。医疗卫生服务质量可以用预防率、发病率、治愈率、预期寿命等客观指标来测量,社会保障质量可以通过对社保资金运行和发放等进行客观测量和检查。社会服务的质量虽然也可以采用类似的客观指标进行测量,但仍然需要相当多的主观指标来评价,而这正是社会服务质量测量的难点。

总之,社会服务的质量管理需要在普遍质量管理系统基础之上建立具体的社会部门质量管理系统。社会服务的无形性、主观性和互动性决定了其质量管理需要范式的转变,必须采用符合其性质的方式进行。从国际特别是欧盟国家的经验来看,社会服务没有强制性的标准，但目前社会部门的确需要有统一的质量管理方法和共同的质量框架。2010年，社会保护委员会发布的《欧洲自愿社会服务质量框架》就是适应这一要求而出台的（Social Protection Committee，2010）。中国建立社会服务制度，其中一个重要的环节就是吸收传统质量管理方法的精髓和借鉴欧盟经验，制定符合中国实际的社会服务质量管理方法。

从以上的分析可以看出，不同于医疗卫生和社会保障，社会服务关注的不是人人非有不可的需要，而是弱势群体的特殊需要。从生命进程的视角来看，迪安（2009）认为："每个人在生命的各个阶段都可能遇到不利境况和各种社会风险，在儿童和青少年时代，容易受到忽视、虐待，或出现越轨行为。当年老的时候，会变得体弱病残。而且在一生中，可能会遇到伤残或精神健康等问题。在这些情况下，如果没有其他人来保护和照顾他们，那么他们就需要个人社会服务。个人社会服务必须处理在一些非常极端或特殊环境下的人类福祉的议题。"因此，社会服务的"专一性"最终归结到一点，就是被许多国家和地区看作是保护公民的最后一张社会安全网，是公民最后求助的服务手段（Hill，2000）。

总 结

从以上分析可以得出两个重要结论。

（1）社会服务的政治从属性反映的是政策背景及其影响下社会服务独特的活动框架，社会服务的专一属性则反映的是具体政策内容与其他社会政策不同但又相联系的构造。

（2）社会服务的两个基本政策属性为中国社会服务制度创设提

供了理论分析起点,推导出中国社会服务制度创设的四个关键构成。第一,满足从属性规定的社会服务模型和基本社会服务制度(包括社会福利意识形态和社会服务对象等)。第二,满足从属性规定的社会服务行政设置(包括行政主管机构和财金制度等)。第三,满足专一性要求的社会服务供给设置(包括津贴制度、服务设施和服务项目等)。第四,满足专一性要求的社会服务监督检查设置(包括监督检查责任主体和质量管理方法等)。

  政策基本属性不仅对于社会服务制度创设具有重要意义,而且对于完善卫生、教育、社会住房、金融政策、就业等其他具体政策都有理论上的指导意义。如何将两种政策属性结合起来,为创设社会服务制度提供更坚实的理论指导,需要引入"政策体制"概念,这一概念有助于理解和综合政策属性并将其与实际的社会服务创设活动连接起来。

第四章 政策体制理论和社会服务制度创设

第一节 政策体制理论的构架

一 代表性理论观点回顾

社会服务制度往往是通过政策确立下来,并通过政策展现出来的。政策作为一个集合体,由各种具体政策构成,需要有一个结构化的理论来指导制定。而政策体制(Policy Regime)理论正是联系政策属性和制度创设之间的理论桥梁。政策体制理论不仅有助于将理论和政策有效地结合起来,而且还能够为中国社会服务的创设和发展提供一条较为清晰的思路。政策体制概念起源于国际关系研究(Cohen-Vogel & McLendon,2009)。最近 20 多年,一些政策研究者逐步将它应用于多个具体的政策领域,如都市研究、环境保护、教育政策、食品安全、就业政策、公民权利和政策制定的管理等,并将政策体制上升为一种综合性的理论模型。通过文献梳理,本章筛选出几个代表性的观点。

(1)Eisner(1993)把政策体制定义为针对特殊部门"政策和

制度的历史的具体构造，以建立某些超越问题的广阔的目标"。他认为政策体制是确定社会利益集团、国家和经济行动者之间关系的政治和制度安排。

（2）Harris 和 Milkis（1996）把政策体制定义为一个由三个部分组成的集群，即证明政府活动合法性的新思想观念、使政策制定结构化的新制度和一套新政策。

（3）Wilson（2000）将政策体制描绘为特殊的政策战略，政策体制由权利或权利安排、政策范式、政府内的组织和政策本身四个维度构成。

（4）McGuinn（2006）认为政策体制是一套将政府在某一特定政策领域的活动结构化的思想观念、利益和制度，针对具体政策议题的政策体制由政策范式、权利联盟和政策制定安排三个维度组成。

（5）Howlett、Ramesh 和 Perl（2009）认为，政策体制概念体现了在某个既定时期内一个国家和地区政策的具体构造，它由一套共同的政策思想观念（政策范式）和一套围绕着这些思想观念（政策次系统）的共同的或典型的政策行动者以及组织化的制度三部分构成。

（6）Sheingate（2012）将政策体制定义为制度、利益群体和思想观念持久的汇聚，三者合在一起在某一特殊的和主要的公共政策领域中产生权力当局、集体行动和利益调节的与众不同的模式。

（7）May 和 Jochim（2013）将政策体制定义为针对解决政策问题的一种治理安排。也就是说，思想理念、制度安排和利益联盟构成既定的政策体制。

此外，还有几个观点也需要关注，如 Stoker（1991）认为政策体制是不同政策实施的方法和措施；Howlett（2009）将政策体制定义为不同政策设计的逻辑；Worsham（2006）认为政策体制充当背景，在此背景中确定政策日程、提出和采纳解决办法、贯彻落实政策。

二 理论的再构架

通过以上文献回顾可以发现，由于研究者的出发点、研究思路和理论侧重点不同，所以对于政策体制的定义和构成要素的界定和理解存在一定程度的差异。恰恰是这些差异更有利于本书进一步的理论概括、提炼、深化和重新构架。据此，在充分吸收以上合理因素的基础上，本章从自身的研究目的出发将政策体制定义为在一个既定的历史时期内，一个国家和地区针对解决某一具体政策领域的问题所确定的政策战略，包括具体政策构造和治理安排。政策体制是一个结构化的概念，它包含四个构成要素：第一，政府从事政策活动的思想观念；第二，组织制度设置和利益安排，包括组织安排、权利安排和利益关系等；第三，政策本身，包括政策目标，政策制定和政策实施的具体内容、规则和程序等；第四，围绕着前三个构成要素形成政策范式，即针对政策运行过程中出现的问题确定解决问题的措施和办法。

理论上讲，政策体制作为一种政策治理安排，它能够帮助我们揭示出政策内在效力和特征，加深对政策的理解。第一，作为分析性建构，政策体制的观点揭示政策如何嵌入在重塑政治环境的反馈过程中，同时，揭示这一反馈过程如何影响政策的效力（May & Jochim, 2013）。第二，政策体制显示一个国家和地区的政策制定过程在时间和空间上展现了各自的显著特征（McGuinn, 2006），为分析政策变迁和政策治理中思想观念、组织制度设置和利益安排、政策范式的作用提供一个综合的框架。第三，政策体制作为一种理论建构，它既是描述性的，也是分析性的。作为描述性建构，政策体制概念为解决问题提供有用的治理安排的概念图，塑造政策的合法性、连续性、持久性和稳定性；为政策贯彻落实以及在治理中政策与政治的相互作用提供新见解（May & Jochim, 2013）。第四，政策体制深深地塑造政策的政治影响力和影响的程度，可以帮助理解许多部门层次政策制定的过程和内容的性质（Howlett, Ramesh & Perl, 2009）。第五，Jochim 和 May（2010）认为政策体制能够为连接研究政策过程的学者和关注凌乱政策问题治理的学者两者的贡献提供有用的手段。在接下来的一节中，笔者将对政策体制构成要素的内涵和作用等进行解构性分析。

第二节 政策体制构成要素的解构性分析

一 思想观念

在政策领域，深入理解不同的政治和意识形态信仰系统的历史和知识基础是必需的（O'Connor & Netting, 2011）。政府从事政策活动的思想观念属于意识形态范畴，是"广泛享有的和一致的关于政策和改革的观点"（Alcock, 2003）。作为一种信仰体系，思想观念可以被视为一套政治承诺，它为政策行动提供思想基础，其核心作用是：思想观念作为组织化的原则是政策体制的黏合剂，为治理和服务提供指导（May & Jochim, 2013）。不同的思想观念影响着不同的政策体制的形成，即价值观和信仰指导政策制定和实践。而政策体制为所期望的未来提出一个结构化的政策模型，一个建设"美好社会"的政策愿景图（Heywood，2003）。具体体现在三个方面。第一，思想观念作为一种评判标准，它是政策制定者首先要考虑的问题。思想观念影响政策的选择，即决定为谁服务、采取何种行动和想要达到什么样的目标等，并为政策制定和实施的合理性和合法性提供必要说明。第二，思想观念对于一个国家和地区如何开展政策活动有着至关重要的影响，最直接的表现形式就是帮助形成政策活动的框架和治理安排，以及解释为何产生政策变迁。例如，Eisner（1993）认为，思想观念包括具有主导地位的政治经济思想意识，它的作用是将关于国家的经济作用这一预期结构化。思想观念也包括行政管理的信条，它的作用是确定适当的行政管理模式。市场原则塑造公共政策与经济政策的关系，政策制定者将新的管制规则创设与行政管理改革结合起来以满足新政策的技术性需求。第三，思想观念在塑造群体对于他们利益的感知中起着重要作用，并影响利益群体和他们参与政策过程的能力。

二 组织制度设置和利益安排

制度是将人类互动结构优化的正式的和非正式的规范，制度建立在观念基础上，好的制度就是那些能够把观念基础转化为行动的制度（彼得斯，2011）。Eisner（1993）认为，制度位于政治和政策过程的中心，在塑造政策中起着中心作用。第一，制度为制定和落实政策提供制度背景和程序背景，制度安排塑造着管制政策的行动模式，并依据各种机制来解决制度集体行动中的问题。第二，在政策过程中，制度确定公共组织安排、组织内在运行机制和组织成员的任务，决定专业化的知识用于解决政策问题的方式和程度。制度安排在解决问题中可以在权力当局中建立有效联系，将注意力、信息流和组织关系结构化（May & Jochim，2013）。第三，制度涉及权利安排，塑造政府和非政府行动者、单个或多个利益群体、传统的友好型或竞争型群体、政策受益者等之间的关系（Wilson，2000），以及公共组织与私有组织关系的一套角色、规则和决策程序。制度设计可以为合作治理建立相关的机制，如监督机构、公共委托机制、共同管理结构，并协调权力当局、政府间、其他合作伙伴、私有和公共实体机构网络和转包关系（May & Jochim，2013）。制度决定社会利益群体如何被整合到政策过程中，如利益群体和政府行动者的权利联盟（McGuinn，2006）。第四，制度演进对于寻找理解管制政策发展的人来说至关重要，制度研究通过决定哪些政策工具可让行政管理者获得，来影响政策的内容和实施。

三　政策本身

在政策体制中，政策处于核心地位。政策是观念框架的一部分，是用于分析和治理实践方式的概念，是实践的规范化和表达（Colebatch，2009）。以知识所有权和专业知识为基础，政策求助，并有意图培养以合法权威为基础的组织信用，即组织的外部信用和组织内的信用（Jenkins，2007）。政策反映在某一特殊领域将政策制定和政策实施结构化的政府项目、制度安排的手段和结果的体制概念，以及体制成员的目标（McGuinn，2006）。政策的用途可以概括如下。第一，政策体现政策体制的目标，也包含政策实施的规则和例行程序，这些目标、规则和例行程序使政策合法化（Wilson，2000）。第二，政策是证明实践和组织安排的正当性的方式，其中还包括那些在统治过程中寻求通过政策来表达利害关系和行动的人，政策也是证明他们的正当性的一种方式（Colebatch，2009）。第三，确定政府相对具体的活动范围。既可以运用于广阔领域，如经济政策或社会政策，也可以运用于具体领域，如社区照料、住房政策或养老金政策（Hogwood & Gunn，1984）。第四，政策作为政府一般意图的表达或对事物的一种期望的陈述，是实现政府所确定的目标的一种工具，如期望减少失业和降低通货膨胀的陈述（Hogwood & Gunn，1984）。因此，围绕着实现国家目标的政策研究框架包括六个基本要素（见表4-1）。

表4-1 实现国家目标的政策研究框架

价值	（1）确认和调查社会中的价值分布； （2）调查社会中支撑价值结构的假定（前提）； （3）形成价值变化的模型
目标	（1）确定和调查社会中的目标分布（分类）； （2）形成目标变化的模型
达成	（1）确定和调查主要社会达成的水平； （2）形成达成变化的模型
社会过程	（1）确定和调查描述社会的关键变量； （2）探索主要社会问题的性质和相互关系； （3）形成社会变化的模型
替代战略和未来	（1）构建替代战略和引申出相应的可能的未来社会状况； （2）完成替代项目的优先和可行性分析
社会反馈	（1）检测和调查社会指标； （2）形成所计划的指标的模型； （3）提供潜在的社会问题和萌芽的变化的早期预警

资料来源：Amara（1972）。

四 政策范式

自从Hall（1993）提出并使用这一概念以后，政策范式被许多学者引用作为政策结果的决定因素（Hogan & Howlett，2015）。政策范式指特殊的议题如何被概念化，即决策层和公众如何确定问题、目标人群和解决办法（McGuinn，2006）。政策范式代表一套认知的和背景的假设，这一假设通过限定政策制定精英层察觉到的可能是有用的或值得思考的一系列替代选择来限制和规范行动。范式的概念与新制度主义探讨政策的基本要素兼容，因为范式抓住了理解公共问题背后的信仰、价值观和态度这些观念，强调范式如何激励所建议的解决办法的可行性这一概念，是政策内容的决定性因素（Howlett，Ramesh & Perl，2009）。政策范式的作用可以归纳如下。第一，政策范式塑造着问题确定的方式和如何解决问题，以及政策建议的种类（Wilson，2000）。第二，通过政策范式过滤现实的概念使政策内容的分析成为可能（Howlett，Ramesh & Perl，2009）。第三，政策范式为解释政策变迁提供概念框架。如 Hall（1993）借用范式这一概念框架解释英国宏观经济政策的制度变迁模式。他提出的政策变迁按照字典次序排列的三种模型，意思是每种变迁模型建立在前一种模型之上，并延伸前一种模型。由于政策范式作为解释变量被分析时缺乏足够的灵活性，所以，要超越作为贫乏的可操作性背景变量的状态，必须重构政策范式概念，未来需要研究如何将政策范式有效地整合到政策理论中（Hogan & Howlett，2015）。一方面，范式如何操作化的更具体说明将为概念和其他政策过程有影响的理论的完全整合提供一个基础。另一方面，这一概念的重新定位有这么一个特征，即试图给予范式与公共政策和公共行政管理之间可观察的和更多的一致性（Hogan & Howlett，2015）。

总之，政策体制的四个构成要素各自有其独特的作用，但它们之间相互联系，思想观念是"灵魂"，组织制度设置和利益安排是"指挥中枢"，政策本身是"主体建筑"，政策范式是"方法论工具"，共同形成政策体制这一有机体。

第三节　政策体制理论与社会服务创设活动

一　形成社会服务政策体制

政策体制能够帮助政策制定者确认构成具体政策模式中所包含的要素。与政府体制、政策模型和政策制定等概念相比，"政策体制"概念更好地描述了历史的和具体的政策背景对某种政策基本构成的影响，并帮助理解具体政策的性质和内容。就这点而言，"政策体制"概念与生命进程观点存在着重要契合，因为生命进程观点能够把政策背景、生命轨迹和政策构建有机连接起来，提出"分析人类发展与社会政策交织的框架"，为科学研究者和政策制定者更好地探索人类发展与社会政策之间的关系提供帮助（Settersten，2003）。因此，生命进程观点可以帮助形成政策体制。

社会服务政策体制是政策体制的一种具体类型，可以以政策体制内涵为基础，利用生命进程观点阐明中国社会服务政策的具体构造，具体体现如下。第一，社会服务的目标与国家意志和价值取向的关系。哪些人群及其生命阶段或事件是政策瞄准的；政策倾向于缓解或消除某些消极的事情还是倾向于积极地促进某些事情，或倾向于两者兼顾。第二，社会服务对象及其需求评估。具体包括：政策对准谁，谁被排除在外；政策关于谁面临风险、什么风险、有风险的基本假设是什么；政策关于谁应当被帮助（或谁值得帮助）的基本假设是什么。第三，达成，即要解决的问题。政策的效果如何产生，谁受到影响，与政策相联系的成本是什么，由谁付出，政策效果是短暂的还是持久的。

政策作为政府治理的关键组成部分，政策体制在其中发挥的实践通途，主要是通过一套逻辑路线来实现的，即通过政策制定来推动制度创设、完善和发展。

二 用政策体制理论指导社会服务创设

第一，思想观念。根据社会主义初级阶段理论、市场原则和定位于人的服务原理，以有助于社会融合、地方社区的社会聚合和代际团结为目标，进一步明确政府职责权限和边界，动态把握多元化格局，培育竞争意识和引入竞争机制，形成恰当的国家福利责任主导的、以辅助原理为坚实基础、责任共担的自由/剩余模型（Antonnen & Sipila，1996；李兵，2016a），即政府负首要责任的混合经济社会服务模型。

第二，组织制度设置和利益安排。一是健全政府机构，明确社会服务的政府责任主体，从多部门管理逐步转变为单一部门管理。二是以整合为导向协调部门之间、中央和地方、政府与社会的关系，特别是消除政出多门的弊端，建立政府与社会的战略伙伴关系，促进和扩大社会、个人和家庭的社会服务参与并一致行动。三是合理安排政府的财政资金支出，照顾到地方、社会合作伙伴、公司实体机构、受益群体和利益相关者的利益。

第三，政策本身。一是对政府兜底的对象范围、设施建设和服务项目的权重尽可能有清晰的界定。二是进一步丰富和适当扩大社会服务项目，保证社会服务的可负担性、可获得性、可利用性、及时性、持续性和综合性（Social Protection Committee，2010）。用整合的方式创构和发送社会服务，对服务提供方式及其比重尤其是购买服务方式要有合理规划。

第四，政策范式。一是按照定位于结果、注重服务过程的方法论原则来解决上述三个方面的议题。二是对政府的监管职责及其具体措施办法需要细化。对服务实体的资格和登记注册及其准入和退出、服务队伍建设、服务质量、投诉机制和诉讼程序、业绩考核和奖惩等要有具体的实施办法，特别是通过完善质量管理制度来解决社会服务发展过程中出现的问题。

三 开展社会服务创设活动

中国在没有提出构建社会服务制度体系之前，实际上已经有了主要的社会服务实践活动，但这些实践活动存在碎片化、不连续性、资金不足、资源浪费和使用效率不高、缺少熟练员工、对具体服务对象漠不关心、缺乏拓展和寻找新的或潜在的服务对象动力不足等问题。为了解决这些问题，就需要通过"政策创设活动"进行整合。社会服务政策创设活动是指针对社会服务领域存在的政策问题说服、推动和参与政府制定社会服务政策所开展的一系列活动。与政策制定（policy-making）、政策过程（policy-processing）等通用概念相比，政策制定主要指针对某一具体政策问题而提出和起草一系列解决方案或计划，进而使其转化为政府规范活动的过程，它是政策过程的首要环节；政策过程则是把政策运行过程视为一个完整周期，主要以问题界定为起点，包含政策制定、政策执行、政策评估、政策变革和政策终结等政策环节。而社会服务政策创设活动不仅包含政策制定，还包括政策制定前期和政策制定过程中的说服和推动等活动，目的是让政府认可和接纳社会服务，并制定社会服务政策。本章认为，利用政策体制理论开展社会服务创设活动需要注意以下方面。

第一，政策创设活动是旨在寻求政策改革来帮助相对脆弱人群获得保护、管制和照料服务需求以改善他们的命运和提高他们福祉的一种政策实践活动，是维护社会共同利益的一项社会事业改革。社会服务追求的共同利益体现在四个方面（EPR，2010）：一是关注个人和具体群体的社会服务需求；二是以融合、参与和福祉为基点来运作，充分通过确认人类尊严的指导原理来完成社会服务使命；三是以平等、机会和社会正义等概念为基准，致力于贯彻落实社会服务的基本目标；四是社会团结的具体形式，社会服务对社会聚合和中国社会主义核心价值观的贯彻落实具有实质性的贡献。

第二，政策创设活动要有背景。社会服务的政策创建要在广阔的社会改革背景中考虑，政策创建要考虑国家经济社会的承受力，要符合国家发展阶段和方向，并注意与相关政策之间的协调和配合。

第三，政策创设活动通过新的政策努力改变原有不适宜的政策。社会服务的政策创设不是对原有政策的全盘否定，而是对原有政策的整合、完善和补充。原有政策中存在的问题是政策改革的主要目标，包括具体机构、具体服务网络，或建立新项目等。社会服务政策创设是一项重要的和极具挑战性的工作，通过改变法律、规则、管制措施、预算和目标等，政策创设者可以对服务对象和社会产生积极影响（Jansson，2008）。

第四，作为一项社会改革，社会服务制度创设活动可能会遇到来自政府机构内部或外部社会的不理解、阻挠，甚至反对，要克服改革的障碍。要注意通常大的、分割的政府官僚部门会对协调政策制定创造障碍（Dinitto & Johnson，2012）。同时，社会服务政策很少突然出现，通常要经历一个发展过程，政策创设要认识到和理解这一过程。社会服务的政策创设活动是采取激进式改革还是采取对现存政策的适度改革、基本的或渐进的改革，需要做出准确的判断和选择（Jansson，2008）。再者，要培育支持政策改革的品质。政策创设者作为恰当的断言者，可能是政府首脑和官员、立法者、政策制定者、研究者、社会谏言者，或者是这些人（其中一部分人）组成的创设群体，必须拥有能够从容驾驭改革的必要才能，敢于承担风险，善于寻找和把握社会服务政策创设的机会。

第五，政策创设最重要的就是付诸行动。包括若干步骤：建立支持社会服务政策创建团队或联盟；制定政策创设战略，提出政策创设的建议或行动计划；说服政府，向政府说明创设社会服务的重要意义和创建的程序、步骤和办法；参与社会服务创设活动等。

总　结

作为一个有效的政策理论，政策体制理论为社会服务创设提供四个关键要素，并提醒开展社会服务创设活动需要注意的五个方面。当然，理论的生命力在于创新，政策体制理论也需要以中国实际为研究起点，随着政策的发展不断完善。当前和今后很长时期，在政策领域，我们尤其需要提出具有主体性的理论观点，构建具有自身特质的政策话语体系。而且，在解读中国实践、构建中国政策理论上，我们应该主动掌握发言权。

治理作为一种政策范式，能够证明政策体制作为理论支撑的有效性和有用性。在第五章将提出一个公共政策治理框架，将公共政策治理框架与政策体制中的四个要素，尤其是政策范式要素有效地结合起来，通过公共政策治理框架寻找社会服务制度创设的治理途径和关键治理议题。

第五章 公共政策治理框架和社会服务创设

第一节 政策和治理：多视角的理解

一 理解政策

在提出公共政策治理概念和构建公共政策治理框架之前，必须理解政策和治理这两个概念的内涵。因此，我们需要努力从经典文献中寻找适合本书的理论线索，以便获得某些有益的启迪。

打开各级政府网站，可以找到法律、法规、规划、意见、通知等各种各样的政策文本，政策在视觉上呈现给人的是密密麻麻的文字和或长或短的篇幅。政策似乎是有形的，似乎也是无形的。那么究竟如何理解政策呢？Colebatch（2009）认为，从社会建构主义的观点来看，政策是在一定的环境中建构起来和获得支撑的。一方面，政策是观念框架的一部分，通过这种观念使我们以这种方式或者不同的维度来理解我们的生活；另一方面，政策也是一种给思想贴上标签的方式，以及证明实践和组织安排的正当性的方式，其中还包括那些在政府活动过程中寻求通过政策来表达利益诉求的人。总之，

Colebatch 把政策看作一种构建行为，而不是仅仅描述行为的术语：它为我们所见的事物贴上标签，这样我们能够以一种特殊的方式来理解这些事物。

从实践的角度来看，政策是国家管理者运用一定知识和技术进行国家治理或者说政府治理所使用的一种规范化的手段。Hogwood 和 Gunn（1984）认为，政策作为政府活动领域的一种标签，是一般意图的一种表达或对事务的一种期望的陈述，如期望减少失业和降低通货膨胀的陈述。政策既可以运用于广阔领域，如环境政策或社会政策；也可以运用于具体领域，如社区照料、住房政策或养老金政策。政策试图实现它所确定的目标和产生适当结果，以及厘清期望和结果之间的关系（Jenkins, 2007），如政府期望通过再分配的政策，缩小个人及城乡之间的收入差距，促进社会公平社会融合。再如，政府倡导多元化福利供给的方式，建立政府与社会组织、工商企业、家庭之间的伙伴关系，提高公民的社会福利水平。制定政策作为政府管理社会经济事务的一种活动，它需要不断地修订和完善。因此，如何提高政府驾驭和制定政策的能力和水平，需要在政策领域中引入"治理"概念。这也是科尔巴奇论述政策、治理和政府等三者关系想要表达的意思。

二　理解治理

在最近几十年，治理（governance）概念吸引社会各界广泛关注，研究者就此提出各种各样的概念（Richards & Smith, 2002）。如今治理的概念已经延伸到多个研究和实践领域，如全球治理、国家治理、政府治理、公司治理、合作治理和社会治理等。公共政策分析所使用的"治理"概念主要用于描述和分析政策网络，即政府给予其他部门和私人行动者参与权一起协商和制定政策（Cairney，2012）。经过归纳和梳理，Knill 和 Tosun（2012a）概括出治理概念、三种治理模型和四种治理理想类型。他们把治理定义为一种政治操作驶向，这种政治操作驶向有意图地协调个人行动和公共行动以实现某些政策目标。公共和个人的合作基于交换资源的需求，就共同的政策目标和解决措施以及政策落实的办法进行协商。他们分析不同国家的政策安排，概括出每种政策的三种治理模型：等级模型、市场模型和网络模型。不同模型侧重点不同：等级模型强调国家在政策制定中起着关键作用，市场模型强调市场能够有效地分配商品和服务，网络模型强调协调政策网络中公共和个人在实现政策目标上的相互信任和资源互补。值得注意的是，这三种模型在不同政策领域的主导力是不同的，而且随着时间的变化而变化。Knill 和 Tosun 在三种模型的基础上进一步提出四种改进的治理理想类型：干预性治理、受管制的自我治理、合作治理和私人的自我治理（见表5-1）。这些治理理想类型对政策制定的适用性取决于制度背景和政治背景。

表 5-1 治理理想类型

治理模型	主要突出点
干预性治理	延续经典的等级模型，突出政府在制定政策上的支配地位，但也承认政府治理能力有限，需要外部力量补充
受管制的自我治理	突出国家支配地位，但其他行动者按照正式的和制度化的方式参与政策制定和实施
合作治理	强调公共和私人行动者之间协调的自愿性
私人的自我治理	强调公共商品的提供完全取决于私人行动者的治理能力，在这个过程中国家只提供指导

资料来源：Knill & Tosun（2012a）。

进一步来看，西方国家学者把运用于政策领域的治理概念及其目的理解为通过集体的努力和行动，来调动各方资源和赋权以提高政府制定政策水平，重点落在政策制定中的政策网络建设上。本书对此的基本判断是：考虑政策制定方式方法的共性特征，西方关于政策领域治理的研究和实践成果可以为我所用。相应的，笔者提出四个需要研究的议题：第一，在借鉴的基础上，结合中国政治和政策特点，我们能否拓宽政策领域治理研究的外延；第二，如果能够拓宽，我们需要在哪些方面拓展中国政策领域的治理研究；第三，中国政策领域的治理模型架构应该是什么样的；第四，在具体政策领域如何运用。为了论述方便，笔者提出"公共政策治理"概念进行分析和阐述。

第二节　公共政策治理框架的建构

一　公共政策治理定义和命题

已经有国外学者使用"公共政策治理"分析 OECD 国家的地区发展政策（Charbit, 2011），但没有给出公共政策治理具体的定义。本书使用的"公共政策治理"是一个外延相对拓宽后的概念，具体是指在某个具体政策领域政策制定者通过有意识地建立一个政策网络，淡化政府与社会的界限（Bevir, 2011），调动市场和社会可利用的治理资源（Knill & Tosun, 2012a），采用多元化的手段解决政策过程中的某些问题，提高政策制定水平和政策实施效果，实现政策目标。公共政策治理是对已有政策领域的治理概念外延的扩宽，主要体现在两点：一是把政策领域的治理放在政策过程中予以考虑；二是解决政策过程中出现的某些问题。这样就把原有治理概念中从手段到结果融合的逻辑线路扩展至治理手段、治理内容与治理结果融合的逻辑线路上。特别强调，本书提出的公共政策治理针对的是政府出台的政策而进行的治理活动。而 Carver 提出的政策治理模型 (The Policy Governance Model) (John Carver & Miriam Carver, 2001) 则是研究各种非营利机构董事会治理，核心是讨论非营利机构董事会与员工的关系及相关议题。该模型也适用于各种机构董事会治理，包括非营利机构、工商企业和政府机构。公共政策治理与 Carver 政策治理模型不是同一个概念，关于两者的相似性和区别，由于篇幅所限，不再阐述。

本书认为在概念和框架之间，需要提出一套公共政策治理命题，作为沟通的桥梁。受 Stoker (1998) 和 Enroth (2011) 启发，公共政策治理命题如下。(1) 公共政策治理需要有一套目标清晰、切实可行的规章制度保证治理活动能够进行。(2) 在公共政策治理过程中，各方参与者包括政府、社会、市场、社区、个人等多元行动主体，各自都具有独立性。在保持政府支配地位的前提下，其他行动者按照正式和制度化的方式参与。这样可以保证治理过程中公开透明的民主程序。(3) 在公共政策治理过程中，各方参与者都有各自可以共享的资源，在知识和信息等资源上相互依赖，因此，需要资源整合。(4) 在公共政策治理过程中，各方参与者需要淡化彼此之间的界限，平等对话和协商，协调行动，责任共担，通过集体的努力实现政策目标。(5) 问题导向，要在政策过程中发现政策内容存在的问题，分析其背后产生的原因和产生的不利后果。要根据实际情况的变化对政策中不恰当的内容及时修正、更新和完善。(6) 公共政策治理定位于结果，注重过程、效率和效果，突出战略举措。总之，公共政策治理在手段上强调参与过程中的依赖、协调和多元，在内容上强调政策的问题导向、及时更新和共同治理，在结果上强调效果和战略举措。

二 公共政策治理框架

笔者之所以提出公共政策治理框架,而不是公共政策治理理论或模型,一方面,是因为受到 Sabatier(2007)的启发;另一方面,是因为基于框架更适合公共政策治理这种认识。(1)框架可以将某一政策领域内的各种政策理论和模型纳入分析中,并将理论、模型与经验有效地结合起来。(2)框架有助于确定政策分析中需要考虑的要素以及它们之间的逻辑关系,有助于分析所需要解决的问题。(3)框架中的理论和模型有助于分析者明确地说明框架中的哪些问题要素与某一类问题特别相关,每一个分析层次中都可能出现理论、模型与经验分析的相互渗透和融合。(4)框架不仅可以为分析问题所使用,还可以作为一种政策工具运用到实践中。本书尝试从四个层面设计公共政策治理框架。

第一个层面是确定治理目标。具体可以表述为通过集体行动,提高对公共政策的驾驭能力,包括手段和内容两个方面,实现公共政策本身所确定的目标和期望。

第二个层面是确定理论支撑。Jochim 和 May(2010)认为,政策体制能够为连接研究政策过程的学者和关注凌乱政策问题治理的学者的学术贡献提供有用的手段。李兵(2017)将政策体制定义为在一个既定的历史时期内,一个国家和地区针对解决某一具体政策领域的问题所确定的政策战略,包括具体政策构造和治理安排。政策体制是一个结构化的概念,它包含四个构成要素:第一,政府从事政策活动的思想观念;第二,组织制度设置和利益安排,包括组织安排、权利安排和利益关系等;第三,政策本身,包括政策目标、政策制定和政策实施的具体内容、规则和程序等;第四,围绕前三个构成要素形成政策范式，即针对政策运行过程中出现的问题确定解决问题的措施和办法。治理作为一种政策范式，能够证明政策体制作为理论支撑的有效性和有用性。

第三个层面是确定治理措施。（1）根据政治背景、政府结构和运行机制，灵活采用干预性治理模型或受管制的自我治理模型或合作治理模型，或混合采用；（2）围绕某一项具体政策，提出需要治理的问题，包括观念治理议题、组织制度安排治理、政策内容治理等；（3）围绕需要解决的政策问题，建立政策网络，将政策制定者、政策实施者、社会组织、工商企业、社区、专家、家庭和个人等利益相关者组织起来，整合可以共享的知识和信息等资源；（4）通过治理，提供解决的意见、办法和方案，并达成一致；（5）根据结果导向注重过程原理，借鉴政策评估的方法，评估治理措施是否恰当、效果如何，是否产生负面效应，以及改进的办法为何等。

第四个层面是确定治理途径。有实践和研究两个途径。（1）作为实践议题，公共政策治理不是独立完成的，它一定与政策过程紧密交融在一起。首先，在政策实施和政策评估中发现需要治理的问题；其次，治理结果在政策修订和政策更替中得以采纳。（2）作为研究议题，公共政策治理也需要通过专项的政策研究和政策分析发现问题，提出解决思路和方案。当然，研究既可以在政策过程中进行，也可以作为一种学术活动独立进行。现实的情况是，公共政策治理实践与研究往往紧密交织在一起，没有必要决然分开。

第三节　社会服务创设中政策治理的关键议题

一　多阶段多层次政策网络治理

政策网络治理主要涉及政府内政策网络治理和政府与非政府之

间关系治理。所谓政府内政策网络，包含同级政府政策网络、中央政府和地方政府政策网络两个方面。本书从政策过程中政策制定和政策实施两个阶段对政策网络治理进行分析。

一方面，在政策制定阶段，重点分析同级政府政策网络治理和政府与非政府之间关系治理。

（1）同级政府政策网络治理主要分析中央政府政策网络治理，虽然国家没有明确规定哪个政府部门是社会服务的责任主体，但根据中央政府职责划分和国际经验，民政部更适合作为社会服务的责任主体。另外，目前社会服务业务分散在多个政府部门，导致各自为战、财政资金重复使用、服务设施重复建设等问题。近些年养老服务成为社会各界关注的热门话题，中央政府也非常重视养老服务工作，出台一系列养老服务政策，着力提升整个国家的社会福利水平。尽管民政部主管养老服务业务，出台大部分养老服务政策，但不少部门也热衷于出台养老服务政策，像卫生部牵头出台《关于推进医疗卫生与养老服务相结合的指导意见》、商务部出台《关于推动养老服务产业发展的指导意见》，致使出现"九龙治水"的怪象。有鉴于此，笔者认为同级政府政策网络治理的主要目标是要明确谁是社会服务政策的责任主体，或者通俗地说，谁是社会服务牵头单位，谁是社会服务的配合和合作主体，形成分工协作、责任共担机制。

（2）政府与非政府之间关系治理。从出台的《"十三五"社会服务兜底工程实施方案》（简称《方案》）的内容来看，虽然大方向正确，但也存在一些不足。这反映在政策出台前，准备工作不充分：一是政府对社会服务研究的投入不足，导致政府和社会各界关于社会服务所拥有的知识等资源储备不够；二是政府就政策内容磋商、信息交流、广泛征求意见和建议的机制不健全；三是专家和专业从业人员等利益相关者的作用没有充分发挥出来。有鉴于此，笔者认为政府与非政府之间关系治理的主要目标是围绕着社会服务建立和完善知识储备和沟通机制，形成社会服务政策良好治理的政策联盟。

另一方面，在政策贯彻落实阶段，本书重点分析中央政府和地方政府政策网络治理、政府与非政府之间关系治理。

（1）中央政府和地方政府政策网络治理。以已实施的养老服务政策为例，需要解决的问题主要表现为：一是中央对地方的财政资金支持与中央对地方的工作要求存在一定程度上的不匹配；二是地方落实中央政策的灵活度不够；三是由于信息不对称，地方政府可能会想办法避开或逃避中央政府的监督检查。有鉴于此，笔者认为中央政府和地方政府政策网络治理的主要目标是建立和完善中央政府和地方政府的伙伴关系（UN，2000），确定合理的利益关系，扩大地方政府运营社会服务的权力，激励地方政府主动承担社会服务责任。

（2）政府与非政府之间关系治理。需要解决的问题主要表现为：一是政府的支配地位和社会组织、工商企业、社区等的从属地位依然明显；二是政府对社会服务组织和社区等培育力度不够，导致社会服务组织和社区等在社会服务领域的作用发挥不充分；三是在资金使用上，政府对社会服务组织等通过购买服务所获得的资金管得过多，审计监察过于严格，导致灵活度不够。有鉴于此，笔者认为政府与非政府之间关系治理的主要目标是通过购买社会服务方式建立和完善公私伙伴关系（这种关系既可以是正式的也可以是非正式的），形成多元化的社会服务供给方式，提升社会服务质量，产生低成本高效益的政策结果。

总之，社会服务伙伴关系的构建，是社会服务健康发展的一个前提条件。

二 多阶段多层次政策内容治理

本书对政策过程中政策制定、政策实施、政策评估和政策反馈这四个阶段主要的政策内容治理进行综合分析。其中，政策制定治理包括政策类型、政策观念、服务设施和项目治理等。

(1) 政策类型治理。社会服务领域内，政策类型和数量繁多，主要有法律、法规和规范性文件等三种。法律包括老年法、残疾人法、寄养法、慈善法等，法规包括社会服务机构登记管理条例、社会福利机构管理暂行办法、家庭寄养管理办法等，规范性文件包括各种方案、规划、意见、通知等。据不完全统计，2010年至今，涉及养老服务政策文件超过80个。此外，各种政策之间冲突屡见不鲜。有鉴于此，治理目标是减少社会服务政策类型和数量，提高政策之间的协调度。

(2) 政策观念治理。思想观念影响政策的选择，决定为谁服务、采取何种行动和想要达到什么样的目标等（Heywood，2003）。目前，社会服务领域存在的模糊认识主要表现如下。一是社会服务对象不清楚；二是对社会服务采用制度主义福利原理还是采用剩余主义福利原理认识不清；三是对于政府和市场的职责边界划分不清，例如，养老服务政策中政府行为和市场行为界定不清。有鉴于此，治理目标应根据所确定的服务对象，采用福利多元化社会服务模型，厘清政府和市场的关系，划分政府和市场各自承担的责任。

(3) 服务设施和项目治理。服务设施建设和服务项目提供是社会服务的核心内容。目前，社会服务领域存在的服务设施和项目治理问题主要表现如下。一是对设施建设缺乏总体规划，往往是需要的设施供给不足或没有，不需要的建了一大堆，这在养老服务设施建设上表现得尤为突出，比如养老院建设；二是国内对于提供哪些服务项目没有达成一致，政府对服务项目没有通盘考虑；三是提供社会服务的方式和途径尽管比较清楚，但运行仍然不畅，这与政策网络建设有关。有鉴于此，治理目标应以需求为导向，确定政府和市场各自所要提供的设施和项目，保证社会服务的可利用性和可获得性。

（4）政策实施过程治理。以养老服务为例，政策执行者普遍反映政策存在过于原则、偏离实际等问题，导致实施过程中有些工作无从下手或实施效果不佳。因此，治理重点是查找在社会服务政策中不切实际的内容，克服政策实施的阻力和难点，探索和总结符合实际、能够有效实现政策目标的手段。

（5）监督检查治理。问题主要是：第一，缺乏整体性的可操作性的监督检查指标；第二，对社会服务质量认识不清，如《国务院办公厅关于全面放开养老服务市场，提升养老服务质量的若干意见》对于什么是养老服务质量没有解释清楚；第三，缺乏业绩考核和管理办法。有鉴于此，治理目标的重点是建立以结果定位、注重过程的业绩考核办法（李兵、吴子攀，2019；李兵、李邦华、孙文灿，2019）、社会服务质量管理框架和检查监督制度。

（6）反馈系统治理。通过政策实施和监督检查，发现社会服务政策不完善的部分，及时更新，形成一个良好的社会服务政策反馈系统。同时，通过反馈系统治理，逐步形成针对治理本身的治理措施。

通过以上分析，笔者认为，社会政策是现代国家治理体系的重要组成部分，国家通过树立社会政策的理念、制定和实施具体的社会政策来满足人民群众的真实需要,也只有能够有效满足人类需要的国家治理,才是有效的国家治理(岳经纶、邓智平,2014)。在社会服务起步阶段,前瞻性地把政策治理提上日程,有利于保持社会服务健康发展,有利于社会服务国家的建设(林闽钢、梁誉,2016)。

三 把整合的方法作为一种治理工具

在制度创设过程中,需要前瞻性地把整合作为重要的治理工具。目前中国的社会服务业务仍然分散在民政、卫生、教育、司法、残联、妇联、社保等部门,多头管理决定社会服务的政策制定和实施、财政资金使用、服务设施建设、服务项目提供、服务监督检查等工作,呈现出部门利益、管理分割、相互扯皮、政策部门化、资金重复使用、服务设施重复建设、服务项目重叠、有效供给不足、服务"真空"等问题。用整合的方法构建社会服务,既能够有效减少这些问题,提高政策效率;又能够更好地满足服务对象的需求,实现社会效益最大化。总之,用整合的方法构建中国社会服务应当力求该政策是聚合的、长期的、易于落实的和高效率的。具体的整合方法以及制度创设将在接下来的各章中详细展开。

总　结

笔者所构建的公共政策治理框架是初步的和尝试性的,还不成熟,需要进一步探索和完善。(1)公共政策治理与相关政策理论之间关系的研究仍有拓展空间。如公共政策治理与政策过程理论、公共政策治理与政策变迁理论等(Hill & Hupe, 2002; Knill & Tosun, 2012b; Muhammad, 2014; Newig & Koontz, 2014; Bennett & Howlett,

1992；Cerna，2013）。（2）仍需要从传统社会科学理论中汲取养分来丰富和完善公共政策治理框架。例如，治理研究文献中经常提到的制度理论和社会建构主义视角等（Bevir，2009；Rhodes，Binder & Rockman，2008；Sørensen & Torfing，2007）。（3）从治理研究中提炼出可用的概念、方法和模型，例如，治理研究中论及的新公共管理（Klijn，2012）以及最新的诸如"整合的治理"（Gagnon & Kouri，2012）和整体主义方法（Popescu，2013）等概念。（4）立足于中国自身的政治背景、政府结构和政策特点来丰富和完善公共政策治理框架。例如，已经有研究机构研制出公共服务治理标准（OPM & CIPFA，2004）。相应地，作为公共服务的组成部分，中国社会服务治理标准是什么，由哪些指标构成，是摆在我们面前的新课题。再如，已经有学者研究了公共治理中的政策革新（Christiansen & Bunt，2012）。同样，中国社会服务在治理过程中需要考虑哪些因素和如何实现更新，需要做前瞻性研究。可以乐观地说，公共政策研究框架既可以作为一种理论研究思路图，又可以作为一种实践工具，运用于社会服务制度创设和其他政策的完善，前景应该看好（李兵，2018）。

第六章 社会服务模型与基本社会服务制度创设

第一节 确立中国社会服务的福利意识形态

一 理解福利意识形态

意识形态是一种信仰体系，信仰体系指一套相对一致的思想和价值观。Heywood（2003）认为，意识形态为政治行动提供思想基础，所有意识形态包括三个方面：第一，通常用世界观的形式为现存秩序提供说明；第二，为所期望的未来提出一个模型和一个"良好社会"的愿景图；第三，对这两点如何能够和应当产生政治变迁做出解释。就社会政策领域来看，福利意识形态是广泛享有的和一致的关于政策和改革的观点（Alcock，2003）。不同的福利意识形态影响着不同的福利体制的形成，即价值观和信仰指导社会政策的制定和实践。

西方国家非常重视福利意识形态的构建和总结。迪安（2009）大致把二战后的资本主义国家概括为社会政策的四种意识形态理据：社会自由主义思想、社会民主主义思想、社会保守主义思想和新保守主义思想（见图6-1）。从动机和目的来看，西方学者在总结和划分福利意识形态的过程中，除了服务于国家福利制度建设这一主责外，还有以下两个暗含的动作和倾向：第一，主动掌握福利意识形态的控制权和话语权，极力使西方福利意识形态占据着主导地位；第二，不回避马克思主义，而是巧妙地采取修正和所谓的"批判"等方法，竭力削弱马克思主义的影响，并试图把所谓的"新马克思主义"纳入到西方福利意识形态体系中。

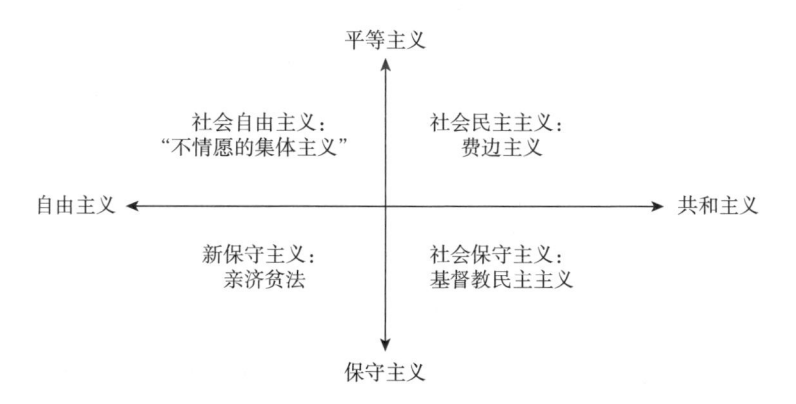

```
                         平等主义
                            ↑
     社会自由主义：          │    社会民主主义：
    "不情愿的集体主义"       │      费边主义
                            │
  自由主义 ←────────────────┼────────────────→ 共和主义
                            │
      新保守主义：           │    社会保守主义：
        亲济贫法             │    基督教民主主义
                            │
                            ↓
                         保守主义
```

图6-1 资本主义国家社会政策的四种意识形态理据
资料来源：迪安（2009）。

二 中国社会服务的福利意识形态架构

西方学者的经验和做法，凸显了抢占福利意识形态制高点的重要性。因为福利意识形态能够将政治信仰或者说是宏观指导思想与具体社会福利政策连接起来，形成一个逻辑连续体。中国的社会福利建设与发展必须重视这一环节。因此，构建中国的社会服务模型和各项社会服务制度之前，首要的任务是确立中国社会服务的福利意识形态。笔者认为，中国社会服务模型的福利意识形态应该是马克思主义福利观，即马克思主义指导下的社会主义福利思想，而且，这种社会主义福利思想是代表进步方向的，一要坚持马克思主义基本理论，二要立足中国的发展阶段，三要尊重中国的历史传统因素，四要吸收资本主义福利意识形态中的合理因素。根据中共十九大确立的从全面建成小康社会到基本实现现代化，再到全面建成社会主义现代化强国的战略布局，以及增进民生福祉的根本目的，提出和确立现阶段中国指导社会服务建设的福利意识形态可从下列几个方面入手。

第一，社会发展阶段观。中国社会发展阶段决定所要创设的社会服务制度首先是基本社会服务制度，要求政府的社会服务项目具有普遍性和选择性。一方面要尽可能地为社会服务对象提供所需的基本服务，另一方面重点保护不能依靠自身和家庭实现自我照料与自给自足、需要政府"兜底"的服务对象。

第二，在国家层面树立社会服务责任观。社会服务是国家履行保护人民生存和发展权利的基本福利责任，国家在社会服务中起着决定性作用。

第三，马克思主义的集体主义观。国家创设的社会服务本质上是集体主义，社会福利通过集体行动和资源储蓄得到最大促进。所以要在社会层面，形成国家与社会合作观，即国家与社会形成紧密的伙伴关系。社会服务要动员一切可以利用的社会力量，实现社会效益最大化。如在政府购买社会服务中建立培育公共非营利合作关系，多元参与的社会服务机制，尤其是建立政府与NGO的伙伴关系（敬乂嘉，2011；林闽钢，2013；岳经纶、郭英慧，2013）。

第四，历史发展观。纵观历史，人民不仅依靠自己的努力及其家庭的支持，而且依靠地方政府、社区和组织，来增加个人和家庭资源来促进整个社区的福利。传统中国的社会服务大部分是由个人、家庭或社区提供的。发展现代社会服务必须考虑曾经在家族主义、血缘宗法社会的基础上培育起来的群体主义观念和行为。政府不仅仅要采取措施来巩固、扩大家庭和社区的传统作用，还要承担社会服务的基本责任。

总之，中国的社会服务应体现国家追求公平、正义和自由，实现富强、民主、文明、和谐的终极目标；与社会主义发展阶段相匹配，赞成集体主义的精神气质，力促社会团结；规定国家要起决定性的作用，同时也鼓励社会组织、社区、个人和家庭等相关利益者积极参与；倡导和保证对弱势群体的社会支持，为他们提供所需的保护、管制和照料等服务。

第二节 确立中国社会服务模型

一 确立中国社会服务模型的量化分析

第三章提到的四种主要从属于不同福利意识形态的社会服务供给模型，即以英国、美国、爱尔兰和澳大利亚等为代表的"社会自由主义"模型，以德国、法国和荷兰等为代表的"社会保守主义"模型，以瑞典和丹麦等为代表的"社会民主主义"模型，以日本和韩国等为代表的"生产主义"模型，可以用量化分析的形式进一步展示其特征。表6-1显示出不同社会照料服务模型的量化特征（Robertson, Gregory & Jabbal, 2014）。

表6-1 2011年十个国家社会照料服务模型的量化特征

	英国	德国	日本	瑞典	美国
总人口（百万）	61.3*	81.8	127.8	9.4	311.6

续表

	英国	德国	日本	瑞典	美国
65岁及以上人口比例（%）	16	21	23	18	13
社会照料的公共支出占GDP的比例（%）	—	1	1.8	3.6	0.6
公共覆盖类型	政府根据经济调查实施的救助	长期照料保险法（1995）	长期照料保险法（2000）	国民长期照料服务	政府根据经济调查实施的救助（医疗救助）
普遍性	否	是	是	是	否
公共资金来源	一般税收	雇主/雇员＋养老保险金领取者的缴纳	40岁及以上的雇主/雇员缴纳，65岁及以上的养老金领取者缴纳，一般税收	地方税收和政府拨款	国家和州税收收入
私人保险作用	非常小的长期照料保险市场，只覆盖了0.05%的40岁以上人口	约9%的人口选择采用私人计划来实现立法要求，补充计划填补没有受到长期照料保险法覆盖的3.5%的40岁及以上人口	市场很小	无	大约5%的40岁及以上人口有长期照料保险
	澳大利亚	法国	爱尔兰	荷兰	韩国
总人口（百万）	22.3	63.2	4.6	16.7	49.8
65岁及以上人口比例（%）	14	17	21	15	11
社会照料的公共支出占GDP的比例（%）	—	1.8	—	3.7	0.6
公共覆盖类型	公共保险-健康照料	长期照料保险法（2002）	长期照料保险法（1995）	长期照料保险法（1968）	长期照料保险法（2008）
普遍性	否	是	否	否	是
公共资金来源	一般税收	一般税收	一般税收	雇主/雇员缴纳	雇主/雇员缴纳＋政府缴纳

续表

	澳大利亚	法国	爱尔兰	荷兰	韩国
私人保险作用	为了私人设施和额外服务，50%的人口拥有私人保险	15%的40岁及以上人口有私人长期照料保险来承担公共系统总成本共担义务	无	无	无

* 为 2010 年数据。

资料来源：Robertson, Gregory & Jabbal（2014）。

如果以表 6-1 的数据为基准，对中国社会服务模型进行量化分析，会得到以下结果。

（1）如果要在近五年内建成社会服务制度，假定以 2017 年中国 GDP 总量为 82 万亿元为基准，按照上述四种模型的公共支出比例确立中国社会服务模型中的公共支出总额，测算结果如下。

第一，如果采用"社会民主主义"模型，按照瑞典 3.6% 的公共支出比例，那么，中国的社会照料服务支出总额为近 3 万亿元。

第二，如果采用"社会保守主义"模型，按照德国 1% 的公共支出比例计算，那么，中国的社会照料服务支出总额为近 0.82 万亿元。

第三，如果采用"社会自由主义"模型，按照美国 0.6% 的公共支出比例计算，那么，中国的社会照料服务支出总额为近 0.492 万亿元。

第四，如果采用"生产主义"模型，按照日本 1.8% 的公共支出比例计算，那么，中国的社会照料服务支出总额为近 1.476 万亿元。

（2）如果以交通银行金融研究中心 2017 年预测的 2035 年我国经济总量大约在 250 万亿元、2050 年在 430 万亿元为基准，来测算 2035 年和 2050 年社会服务公共支出总额，结果如下。

第一，如果采用"社会民主主义"模型，按照瑞典3.6%的公共支出比例计算，那么，中国的社会照料服务支出总额分别约为9万亿元和15.5万亿元。

第二，如果采用"社会保守主义"模型，按照德国1%的公共支出比例计算，那么，中国的社会照料服务支出总额分别约为2.5万亿元和4.3万亿元。

第三，如果采用"社会自由主义"模型，按照美国0.6%的公共支出比例计算，那么，中国的社会照料服务支出总额分别约为1.5万亿元和2.58万亿元。

第四，如果采用"生产主义"模型，按照日本1.8%的公共支出比例计算，那么，中国的社会照料服务支出总额分别约为4.5万亿元和7.74万亿元。

从2017年主要民生支出情况看，教育支出30259亿元，社会保障和就业支出24812亿元，医疗卫生与计划生育支出14600亿元，城乡社区支出21255亿元。如果采用"社会民主主义"模型的公共支出比例作为中国社会服务制度建立的起点，财政压力过大，后续逐步提高比例的余地很小，可行性不大。如果采用"社会保守主义"模型和"生产主义"模型的公共支出比例作为中国社会服务制度建立的起点，同样偏高，后续逐步提高比例的余地受到挤压，可行性也不高。而采用"社会自由主义"模型的公共支出比例作为中国社会服务制度建立的起点，起点适中，后续逐步提高比例的余地较大，可行性更强。

二 中国社会服务模型选择

在国际上，社会照料服务的发展趋势不是完全依靠一种资源，如家庭或国家,而是依靠所谓的"混合经济的社会照料"。在"混合经济的社会照料"中,大部分或所有主要资源可以贡献于社会照料服务。如从国家服务、家庭邻里和朋友、社会组织、商业社会服务和某些职业的服务中寻找社会照料支持的主要资源(芒迪,2011)。中国社会福利的历史传统和多种所有制经济长期存在的经济基础决定中国未来相当长时期内社会福利体制类型应当是"政府主导下的混合经济的社会福利",这种模式应当是政府通过其社会政策制定,实现适合中国国情的不同资源贡献于社会福利的最优组合,以满足社会发展的要求。中国的社会福利模式选择要注意以下两个方面。第一,就国情而言,中国政府不能也不可能包揽所有的社会福利项目。所以,在政府承担的义务上,中国今后相当长时期要坚持政府、社会、市场相结合的多元化原则。同时,中国传统福利制度中的个人和家庭的自我服务功能要扬弃。第二,经济发展的程度决定福利水平,中国还无法实行北欧模式中实行的国家供给原则。所以,中国的社会服务在今后相当长时期要坚持有限政府责任的原则。政府在资金、服务提供、监督管理上起主导作用,但不具有垄断地位。社会组织、工商企业和志愿部门成为社会服务的一支大军,个人和家庭及亲属继续承担社会福利功能,都应当和能够获得政府的必要支持。

据此,笔者大胆设定中国社会服务制度创设应该采取"混合经济"的社会照料服务模型,与国家发展战略同步,也采取三步走战略。第一,与全面建成小康社会相对应,社会照料服务的公共支出占GDP的比例,起点可以考虑确定为0.5%,约4000亿元。随着经济实力的不断增强,公共支出比例也要动态调整和提高,与基本实现现代化相对应,到2035年,达到1%,约2.5万亿元。与建成现代化强国相对应，到 2050 年达到 1.5%，约 6.5 万亿元。此后，再逐步提高比例。第二，公共覆盖类型应当由政府根据经济调查实施的救助、国民长期照料服务和长期照料保险等混合构成，采取普遍性和选择性相结合的原则。第三，公共资金来源于一般税收和个人缴纳。第四，发挥社会力量和私人保险的作用。

第三节　基本社会服务制度与政府的职责

一　社会服务模型与基本社会服务制度创设

社会服务模型的选择自然引申出基本社会服务制度创设的话题。从不同社会服务模型所遵循的社会政策原理和方法来看（李兵、张航空、陈谊，2015），第一，采用制度主义福利原理、普遍主义方法和国家提供方式，国家几乎包揽所有社会服务的"社会民主主义"社会服务模型，不需要建立所谓的基本社会服务制度。第二，只有采用剩余主义福利原理和选择主义福利方法的"社会自由主义"、"社会保守主义"和"生产主义"社会服务模型，才需要建立基本社会服务制度。第三，中国如果采取"混合经济"的社会照料服务模型，必须要创设基本社会服务制度。

简单地讲，基本社会服务是指政府针对那些依靠自身无法获得社会服务、必须求助政府的个人及其家庭，通过公共的财政投入、设施建设、服务项目供给和监督管理等一系列政策和实践活动，向他们提供基本的咨询、照料、康复和精神健康等社会服务。基本社会服务是一项社会保护工程，目的是尽可能使服务对象独立生活，促进社会融合，并在国家的框架内按照中央政府确定的责任和标准实现服务的多样化和创新。基本社会服务应以困难群体及其家庭、公民基本社会服务需求为优先和重点，要与国家的社会经济发展水平相适应，是低偿或无偿的，要注意从服务对象的需求出发，合理规划、合理布局。说到底，基本社会服务制度创设就是要确定政府在社会服务中的职责边界，弄清楚哪些社会服务工作是政府要干的事情，哪些服务可以交给社会、市场和家庭，以及政府介入社会服务的程度。

二　政府的职责

政府社会服务的责任通过社会保护政策法规表现出来（Bullain & Panov，2012）。未来"政府主导下的混合经济的社会服务"模型，要求明确政府的社会服务职责。在社会服务政策框架中，政府的职责主要由五个部分组成：一是确定服务对象及其需求，二是明确中央政府和地方政府的职责分工，三是提供资源，四是经营服务，五是管理政策法规的贯彻落实。前三项是总体要求，后两项是具体开展的社会服务活动。

（1）在该政策框架中，服务对象的权利和需求位于政策制定的中心。政府的职责主要体现在两个方面：一是确定社会服务的总体目标人群，二是确定需要政府"兜底"的目标人群。

（2）在社会服务供给中明确中央政府和地方政府的责任、任务和分工。中央政府的职责主要是确定政府主管部门，制定政策和规划，向地方政府和社会服务机构提供资金，监督和管理地方政府和社会服务机构的社会服务活动。地方政府的职责是提供社会服务，包括资金供给、设施建设和服务项目提供、监督和管理地方社会服务等。

（3）为实现目的提供适当的资源。一是中央政府和地方政府要为社会服务提供资金,二是为社会服务建设必要的基础设施。

(4)政府提供服务的职责范围。政府为需要"兜底"的人群的基本社会服务需求提供服务,一是对服务对象的资格和需求进行评估,二是建立服务津贴制度,三是确定必要的服务项目,四是提供服务的方式包括直接提供服务和间接提供服务。

(5)如果说政府所提供的服务只占全部社会服务的一定比例,那么政府的监督管理职责则是全方位的,政府必须针对所有机构提供的社会服务建立系统的和复杂的管理和监督系统。一是建立中央和地方的监督机构,二是建立社会服务机构的注册和准入制度,三是建立服务用户的介入服务决策制度和投诉机制,四是制定针对照料者的招募、培训和教育战略,五是建立信息反馈制度和服务信息传播机制,六是建立公开透明的业绩评估制度,七是出台照料标准和质量社会服务框架。

政府实施的任何社会福利工程都是针对一定的目标人群,同样政府从事的所有社会福利服务活动都是围绕着确立和选择社会服务对象展开的。所以,接下来的一节将重点分析。对政府的其他职责的分析将在后面分章节依次展开。

第四节 确定、选择和整合社会服务对象

一 确定社会服务对象

根据定义和国际社会服务实践经验来看,社会服务主要为以下人群提供一系列的照料和支持。

(1)老年人。

(2)残疾人,包括肢体残疾和智力残疾。

（3）存在精神健康问题的人，不仅仅是精神病人。

（4）药物滥用者、酗酒者和吸毒者。

（5）家庭，包括无家可归者、流浪乞讨人员、遭受家庭暴力者、被拐卖和强迫卖淫的妇女等社会救助对象。

（6）儿童支持、儿童照料、青少年越轨和犯罪。

（7）为以上人员提供服务的非正式照料者，主要指家庭成员、亲戚朋友和邻里等。

大多数已经建立社会服务制度的国家和地区基本上都是围绕着这些服务对象展开实践活动的。但由于思想观念和福利意识形态的差别，个别国家和地区的侧重点有所不同，甚至国家间存在重要的差异。如法国的儿童服务主要是国家的责任，国家对老年人服务责任则少些（芒迪，2011）。挪威的儿童福利服务没有被当作社会服务的一部分，但是在许多地方政府（特别是在小地方政府），这些服务常常被作为社会服务的一部分。丹麦、瑞典和挪威这些北欧国家，尤其是挪威对于酗酒者和吸毒者社会服务非常重视。

2012~2013年度英国共有130万成年人获得社会服务，比2011~2012年度和2007~2008年度分别减少了9%和25%。其中有110万人获得社区服务，20.9万人获得寄宿照料服务，8.7万人获得护理照料服务（Adult Social Care Statistics，2016a）。英国18岁以下人口大约有1200万，只有近40万被认定为有照料需求（约3.3%），大约7万获得社会照料，5万获得社会保护（King，2017）。2015年4月1日至2016年3月1日，387000个与政府有联系的照料者中有314000个照料者获得直接支持（Adult Social Care Statistics，2016b）。

2017年美国17亿美元社会服务固定拨款主要用于儿童照料援助、预防和制止儿童虐待和忽视、老年人和残疾人社会照料，大约

2846万人（其中一半是儿童）获得来自《社会服务固定拨款法案》全额或部分资助的服务（Pavetti & Floyd，2016）。

丹麦社会服务重点关注三类人群：社会处境不利的儿童和青年、被边缘化的成年人和残疾人。2014年社会处境不利的儿童和青年大约57000人，被边缘化的成年人约65000人（包括精神疾病患者、吸毒者、无家可归者等），残疾人约52000人（Denmark Ministry of Social Affairs and the Interior，2016）。

以色列劳动、社会事务和社会服务部的服务对象主要是脆弱人群，包括存在风险的儿童、青少年和青年人，孤独的老年人，危机或不幸家庭，精神或智力残疾人，吸毒者，无家可归者。2016年以色列社会服务局登记的服务对象有130.2万人，登记率约为15.3%；需要干预的有94.2万人，干预率为10.7%（Israel Ministry of Foreign Affairs，2018）。2014年获得服务的家庭户为464000户，占全国家庭户的20%。20岁及以上有严重功能障碍的残疾人占14.0%，在社会服务局登记的残疾人中14.1%的有认知残疾（Gal & Madhala-Brik，2016）。以色列社会服务具有严格的认定制度，以无家可归者为例，在社会服务局登记需要帮助的无家可归者只占无家可归者总数的10%。不过2016年获得政府社会服务的无家可归者人数有所上升，达到1872人（Israel Ministry of Foreign Affairs，2018）。

新加坡社会服务五个关键领域为残疾人、儿童和青少年、精神卫生、老年人、家庭。2016年总人口为560万，其中，成为社会服务对象的0~14岁人口占15.2%，65岁及以上老年人占12.4%，调查到的遭受虐待儿童873人，存在风险的未成年人和青年人中7~15岁和7~19岁被拘捕的分别为1057人和2627人，需要长期社会救助的家庭为3887户，被救助的儿童3800人，需要照料支持的残疾人

2000人，需要技术帮助和公共交通津贴的残疾人分别为1505人和11884人（Singapore Ministry of Social and Family Development，2017）。2010年至2012年，新加坡国家社会服务理事会的托特委员会（Tote Board）投入1.6亿新加坡元用于1127个社会服务项目，项目涵盖社会服务四个关键部门——家庭、儿童和青少年、残疾人、老年照料，使285000个人（家庭）受益。另外，托特委员会社会服务基金（Tote Board Social Service Fund）3年间共投入1.04亿新加坡元，增加了121个社会服务项目，2012年获得社会服务人员达到104000人（UN，2014）。

从以上国家获得社会服务的对象来看，除了丹麦基本实现社会服务对象全覆盖外，其他国家对社会服务对象都是有选择的，社会服务制度基本属于剩余型社会福利制度。此外，还有一些国家和地区则根据实际需要把一些特殊人员纳入社会服务对象（见表6-2）。

表6-2 部分国家社会服务包含的特殊服务对象

国家	服务对象
英国	脆弱成年人，包括在护理院接受护理或照料的成年人，由照料机构安排、在自己家中接受照料的成年人，由独立医院、独立诊所、独立医疗机构或国民健康服务团体提供特定服务的成年人，按照协议由个人（不是亲戚）提供支持和照料的成年人
瑞典和丹麦	因生理、精神或其他原因而在日常生活中遭遇困难的身体和精神功能损伤者，包括儿童和未成年人、成年人
芬兰	参加1935~1945年战争的退伍军人
新加坡	单亲家庭和再婚家庭
美国	难民、土著部落

资料来源：根据英国 *Local Authority Social Services Act 1970*、瑞典 *Social Services Act 1991*、丹麦 *Consolidation Act on Social Services 2006*、芬兰卫生和社会事务部网站、新加坡国家社会服务理事会网站、美国 *Title XX of the Social Security Act* 整理。

上述的社会服务对象，除了难民和土著部落外，在中国不仅存在，而且绝对数量巨大。同时还有诸如失独家庭、留守老人、留守儿童等境外国家和地区没有的特殊人群。所以，中国建立基本社会服务制度，首要的任务是选择和整合纳入政府职责范围内的服务对象。

二 选择和整合社会服务对象

本书从政府公开发布的统计数据和学者的预测中找到以下主要数据。

（1）老年人。2017年中国60岁及以上老年人达到2.41亿，占总人口的17.3%（国家统计局，2018）。2016年享受护理补贴的老年人数为40.5万，享受养老服务补贴的老年人数为282.9万（民政部，2017）。翟振武等（2017）预计，60岁及以上老年人口规模将于2025年左右突破3亿人，2033年左右突破4亿人，最终将于2053年左右攀升至整个21世纪的峰值，约4.82亿人。其中，80岁及以上高龄老年人口的数量明显增加，2032年左右超过5000万人，2050年左右超过1亿人。

（2）儿童。2017年0~14岁人口为2.3348亿（国家统计局，2018）。2016年，全国在园幼儿规模4414万人，学前三年毛入园率达到77.4%，与2009年相比，在园幼儿规模增长了66%，毛入园率增加了27个百分点（教育部，2018b）。2016年孤儿数为460450人，被收养人数为18736人（民政部，2017）。2016年青少年罪犯人数为204657人，其中不满18岁的为35743人，18~25岁的168914人，青少年罪犯占刑事罪犯的比重为16.8%（国家统计局，2017）。据预测，2035年中国0~14岁人口数量或将降至2.06亿，2050年左右约为1.95亿（UN，2018；翟振武等，2017）。

(3) 残疾人。最近的残疾人数据是根据第六次全国人口普查总人口数，及第二次全国残疾人抽样调查残疾人占全国总人口的比例和各类残疾人占残疾人总人数的比例推算出来的，2010 年末残疾人总人数为 8502 万人。各类残疾人的人数分别为：视力残疾 1263 万人，听力残疾 2054 万人，言语残疾 130 万人，肢体残疾 2472 万人，智力残疾 568 万人，精神残疾 629 万人，多重残疾 1386 万人。各残疾等级人数分别为：重度残疾 2518 万人，中度和轻度残疾 5984 万人（中国残疾人联合会，2012）。2016 年重度残疾人护理补贴人数为 500 万（民政部，2017）。2017 年，854.7 万残疾儿童及持证残疾人得到基本康复服务，其中包括 0~6 岁残疾儿童 141239 人。得到康复服务的持证残疾人中，有视力残疾人 88.3 万、听力残疾人 40.7 万、言语残疾人 4.3 万、肢体残疾人 484.6 万、智力残疾人 71.3 万、精神残疾人 125.9 万、多重残疾人 35.5 万。全年共为 244.4 万残疾人提供各类辅助器具适配服务。23.1 万残疾人获得了托养服务，接受居家服务的残疾人有 78 万人。全年 1.9 万名托养服务管理和服务人员接受了各级各类专业培训（中国残疾人联合会，2018）。

(4) 精神健康。存在精神健康问题人数在 1 亿人以上。截至 2016 年底，全国在册严重精神障碍患者 540 万例（国家卫生健康委员会，2017）。

(5) 吸毒人员。截至 2016 年底，全国现有吸毒人员 250.5 万名（不含戒断三年未发现复吸人数、死亡人数和离境人数），同比增长 6.8%。其中，不满 18 岁 2.2 万名，占 0.9%；18 岁到 35 岁 146.4 万名，占 58.4%；36 岁到 59 岁 100.3 万名，占 40.0%；60 岁及以上 1.6 万名，占 0.7%（国家禁毒委员会办公室，2017）。自 2008 年 6 月 1 日禁毒法实施至 2017 年 6 月，司法行政戒毒系统已累计收治强制隔离戒毒人员113万多人,在所戒毒24万多人,全国司法行政强制隔离戒毒所收治感染艾滋病病毒戒毒人员近9000名(蒋欣,2017)。据国家禁毒办估计,实际吸毒人员超过1400万(国家禁毒委员会办公室,2017)。

(6) 社会救助和优抚对象。截至2016年底,特困供养人员506万人(其中农村496.9万人、城市9.1万人),灾民1.9亿人次,重点优抚对象874.8万人(其中伤残人员71.5万人),生活无着落人员救助333.8万人次,未成年人救助总数为167万人次(民政部,2017)。2017年共救助流浪乞讨人员300万人次。

此外,失独家庭数量、家庭受害者人数、农村留守老人和儿童数、家庭照料者人数,要么由于保密原因不公布,要么没有统计过。

以上数据显示社会服务对象存在相互叠加的情况,如一个老年人,可能也是残疾人或者社会救助对象或者存在精神健康问题;一个儿童,可能也是孤儿或者残疾人或者吸毒者或者无家可归者或者未成年罪犯等;残疾人则分布在各个年龄段。尽管社会服务对象人数庞大,但并不是所有人都需要社会服务。政府应当在基本养老服务制度规定的框架内选择特定的服务对象,同时在此过程中,用整合的治理方法统筹解决这些以前碎片化的、分属不同政府部门管理的服务对象的社会照料服务问题。第一,将低保、未成年人、生活无着落人员和流浪乞讨人员等社会救助对象,以及特困人员、低收入者和失独家庭全部纳入,政府承担100%的社会服务责任。第二,对3~5岁儿童照料、精神病患者、14~18岁在押服刑未成年人、问题儿童和青少年、重度残疾人等,政府承担50%的社会服务责任。第三,对不能自理老年人、0~3岁婴幼儿照料、6~12岁需要课外照料的儿童、中度残疾人、被拐人员、家庭照料者等,政府承担

30%的社会服务责任。第四，对空巢和高龄老人、问题家庭、脆弱成年人、吸毒人员、有精神健康问题的人、家庭受害者、轻度残疾人等，视具体情况，政府承担5%~20%的社会服务责任。

三　实践证据

本书认为养老服务是社会服务的重要组成部分，所以选择养老服务制度建设来验证以上的论述。随着人口老龄化快速发展，党和政府越来越重视养老服务工作。从2011年起，连续出台了《社会养老服务体系建设规划（2011~2015年）》、《国务院关于加快发展养老服务业的若干意见》、《中华人民共和国老年权益保障法》、《"十三五"国家老龄事业发展和养老体系建设规划》等一系列政策法规。通过对这些政策法规的分析，笔者发现，尽管这些政策法规对于推动养老服务的发展起到了重要的作用，但所有这些政策法规存在三个重要不足或缺陷。第一，对养老服务的界定不清楚；第二，对政府的职责界定不清楚；第三，对养老服务的服务项目界定不清楚。为此，笔者选择2017年第一批"中央财政支持开展居家和社区养老服务改革试点工作"地区中的南京市和杭州市，2018年第二批"中央财政支持开展居家和社区养老服务改革试点工作"地区中的上海市长宁区、安庆市和郑州市，第三批改革试点地区重庆市沙坪坝区和渝中区进行针对性的调研。

《民政部　财政部关于中央财政支持开展居家和社区养老服务改革试点工作的通知》要求把"探索建立特殊困难老年人基本服务制度"作为九项重点任务之一。按照此项工作要求，七地开展重点人群筛查工作，摸底基础数据，有针对性地开展基本养老服务试点。从表6-3可以看出，七地享受基本养老服务的失能（伤残）老年人口数（安庆除外），享受基本养老服务的高龄、空巢（独居）老年人口数均超过低收入老年人口数，说明基本养老服务普惠趋势明显。但基层民政部门普遍反映，多年来由于对于什么是养老服务弄不清楚，感觉养老服务是个筐，什么都往养老服务里面装。这次从摸清特殊困难老年人底数、建立基本养老服务制度出发开展试点工作，思路是对的，效果也不错，有利于理顺工作思路，明确政府职责边界，处理好政府与市场的关系。不过由于政策的模糊性，实际试点工作仍然存在不少棘手的问题，不好解决。基层民政部门普遍认为，国家有基本公共服务规划，主管养老服务的民政部门也应该将建立基本养老服务制度固定下来。试点主要是发现问题和总结经验，关键还是要看中央就什么是养老服务和建立什么样的基本养老服务制度在政策上能否予以明确，并拿出实际的举措。虽然2019年3月出台的《国务院办公厅关于推进养老服务发展的意见》将基本养老服务写入其中，但下一步如何落实任务艰巨。

表6-3　七地筛查到的享受基本养老服务的老年人口数/家庭户

地区	失能（伤残）老年人口数	低收入老年人口数	计划生育特殊困难家庭（户）	高龄、空巢（独居）老年人口数
南京市[①]	50592	31152	4076	108000
杭州市[①]	37270	42576	5060	183699
上海市长宁区[②]	2206	437	831	6181
安庆市[③]	6071	21998	4580	96100
郑州市[④]	105005	19563	2197（人）	296034
重庆市沙坪坝区[⑤]	1769	1342	976	7087
重庆市渝中区[⑤]	526	191	2750（人）	4723

注：①为2017年8月底筛查到的数据；②为2018年5月底筛查到的数据；③为2018年1~7月享受基本养老服务的数据；④为截止到2019年第一季度末的数据；⑤为截止到2019年4月底的数据。

资料来源：由七市（区）民政局提供。

总　结

　　福利模型和基本制度构建是社会福利制度建设中必不可少的环节，它是国家和地区福利意识实现的一个重要机制，反映了一个国家和地区对于公民的态度以及社会福利制度的基本特征和面貌。过去中国在养老服务、教育、卫生、社会住房等社会福利领域建设中，由于没有注重福利模型和基本制度的构建，片面强调走社会化发展的道路，甚至在社会福利领域提出市场在配置资源中的基础性作用，结果走了不少弯路，甚至跑偏，反过头来还是要通过思考和确立福利模型和基本制度进行纠偏，经验教训值得谨记。本书从政策的从属性和政策体制的观念要素出发，第一，提出中国社会福利意识形态，并将其贯穿到社会服务创设中。第二，以中国社会福利意识形态为指导，提出中国的社会服务模型，进而勾画出基本社会服务制度创设中政府的主要职责。第三，围绕着基本社会服务制度和政府职责，确定和选择主要社会服务对象。这一前摄型的基本逻辑思路体现出社会福利领域的后发优势，对于保证社会服务的行政设置、服务供给制度设置和监督检查制度设置沿着恰当的路线创设和少走弯路具有重要意义。

第七章 社会服务行政主管机构和政策的整合与创设

任何一项社会福利事业都要有机构主管,有政策给予支持,有资金作保障。社会服务也是如此。因此,本章和第八章分别就社会服务行政主管机构设置和政策法规制定、财金制度安排等对外国、中国香港和澳门特别行政区、中国中央政府的现状进行分析,并对中国中央政府社会服务行政制度的整合与创设提出意见和建议。

第一节 外国社会服务行政主管机构设置和政策法规

一 行政主管机构设置

不同国家基本上都是按照本国的政治体制和历史文化传统来设置社会服务行政主管机构的(见表7-1)。概括起来,外国社会服务行政主管机构设置主要有三种模式。

第一,集中管理模式,即社会服务主要由一个政府部门主管/统筹。英国、美国、丹麦、瑞典、捷克等国采取此模式。英国的卫生和社会照料部掌管社会服务政策、法律、标准、教育和培训。

具体的社会服务业务则由152个地方政府所属的政务委员会负责。地方社会服务行政机构在名称上与中央政府有所不同,相互之间也有所差异。英格兰为社会服务局,北爱尔兰为卫生、社会服务和社会安全局,苏格兰为社会服务委员会,威尔士为卫生和社会服务局。

美国联邦政府的卫生和人类服务部主管社会服务,州一级名称有的与联邦政府一致,如加利福尼亚州、密歇根州、内布拉斯加州、新罕布什尔州等。有的称为社会服务局,如纽约州、弗吉尼亚州、南达科他州、康涅狄格州、密苏里州、南卡罗来纳州、马里兰州等。有的称为卫生和社会服务局,如阿拉斯加州、特拉华州等。社会服务机构设置名称上的相同和不同从一个侧面展现了美国联邦制国家的政治体制特点。

需要说明的是,由于历史原因和习惯,在中央层面英国的儿童社会服务和丹麦的部分儿童社会服务仍由教育部门管理和统计,但这并不妨碍社会服务的整体架构。为了突出社会服务的重要性,英国将原来的卫生部更名为卫生和社会照料部,丹麦将原来的社会事务部更名为儿童和社会事务部。有些国家还在部里设置专门管理社会服务的机构,如丹麦在儿童和社会事务部中设全国社会服务委员会,芬兰在社会事务和卫生部中增设家庭事务和社会服务部等(见表7-1)。从机构变动和设置增加来看,这些国家社会服务有加强的趋势。

第二,分散管理模式,即多个部门主管社会服务业务。以挪威和以色列最为典型。挪威的社会服务是按照一种分散模式来组织的。挪威劳动和福利部下属的劳动和福利局(NAV)主管《社会服务法》。卫生和照料服务部对《社会服务法》的实施负有主要责任。

劳动部对《社会服务法》第五章、第五章 A 和第四章的第五节负有主要责任，另外，还负责市政会的资金咨询服务和解决债务的咨询服务。地方政府负责提供服务。以色列社会服务则由劳动、社会事务和社会服务部，建设和住房部，移民部，社会公平部，经济部共同管理。其中，劳动、社会事务和社会服务部管理主要的社会服务，儿童日间照料和早期教育从 2015 年起划归经济部主管。无论是集中管理模式还是分散管理模式，具体的社会服务业务都由地方政府负责。

第三，行政管理与实施分离模式。以新加坡和澳大利亚为代表。新加坡负责社会服务的机构主要有新加坡社会和家庭发展部、青年和体育部，具体工作由独立的国家社会服务理事会（NCSS）承担。NCSS 有些类似中国的事业单位，是一个涵盖 400 个志愿福利服务组织的实体机构，主要通过发展、整合和培训社会服务组织，提高社会服务组织的能力，促进社会服务领域的伙伴关系，确保社会服务对象有尊严地生活和实现自我社会潜能。

表 7-1　部分国家社会服务的行政主管机构和政策法规

国家	主管机构	内设的社会服务机构	政策法规	立法时间
英国	卫生和社会照料部		《地方当局社会服务法》	1970
美国	卫生和人类服务部		《社会保障法》第二十章《社会服务固定拨款法案》	1974
澳大利亚	社会服务部		《社会服务法》	1974
瑞典	卫生和社会事务部		《社会服务法》	1980
挪威	劳动和福利部		《社会服务法》	1991
冰岛	社会福利部		《市政府社会服务法》	1991
丹麦	儿童和社会事务部	全国社会服务委员会	《社会服务巩固法》	1998

续表

国家	主管机构	内设的社会服务机构	政策法规	立法时间
乌克兰	社会政策部		《社会服务法》	2003
阿尔巴尼亚	劳动、社会事务和平等机会部	国家社会服务局	《社会救助和服务法》	2005
捷克	劳动和社会事务部		《社会服务法》	2006
以色列	劳动、社会事务和社会服务部	社会服务局	《社会福利法》	1958
南非	社会发展部	南非社会服务职业理事会	《社会服务职业法》	1978
新加坡	社会和家庭发展部	社会服务办公室	《国家社会服务理事会法》	1992
芬兰	社会事务和卫生部	家庭事务和社会服务部	《社会福利法》	1992
斯里兰卡	社会服务和社会福利部		部门政策	
纳米比亚	卫生和社会服务部		部门政策	
巴哈马	社会服务和都市发展部	社会服务局	《儿童保护法》、《家庭暴力法》、《教育法》《性侵法》、《退休金法》	
摩纳哥	卫生和社会事务部	社会福利和社会服务局	部门政策	
多米尼加	社会服务、家庭和性别事务部		部门政策	
格鲁吉亚	劳动、卫生和社会事务部	社会服务局	部门政策	

资料来源：根据上述国家政府部门网站整理。

既然设置了主管社会服务的行政部门，国家就要赋予这一行政部门管理社会服务的职责。表7-2列举了部分国家政府行政主管部门的社会服务职责。总体来看，这些国家设置主管社会服务的行政部门和内设的社会服务机构，明确政府社会服务职责的经验和做法，值得我们学习和借鉴。

表 7-2　部分国家政府行政主管部门社会服务职责

国家	政府行政主管部门社会服务职责
英国	国家通过改进社会照料服务，帮助人们更独立、更健康、更长寿地生活。地方政府通过向人们提供社会照料服务，使他们尽可能地在社区独立生活，并促进社会融合。服务模式适应地方需要来满足地方民众的需求，并鼓励在国家的框架内，按照中央政府确定的责任和标准，实现服务的多样化和创新
美国	政府提高和保护所有美国人的福祉，通过在社会服务领域提供有效的服务，并促进进步来实现这一目标。《社会服务固定拨款法案》旨在防止、减少或消除依赖性，防止或补救对无法保护自身利益的儿童和成年人的忽视、虐待或剥削，通过提供社区照料、家庭照料或其他形式的低强度照料，防止或减少不适当的机构照料等
澳大利亚	通过一系列针对性项目和服务，帮助和支持社区、脆弱群体、老年人、残疾人、照料者、家庭和儿童、无家可归者和需要能负担得起住房的人、存在精神健康问题的人、移民和难民、有安全需求的妇女等
瑞典	关注社会中的福利议题，为面临社会困难的人和脆弱群体提供社会照料服务，涵盖个人和家庭照料、残疾人、老年人、儿童和青少年、病人等
冰岛	提高穷人的生活标准，确保儿童和青年人积极的发展环境，为居民尽可能长期正常生活和工作提供援助，采取措施预防社会问题
丹麦	全国社会服务委员会负责的领域主要包括儿童、青年人和家庭，残疾人，成年人社会保护
芬兰	社会服务由三部分组成。社会事务和卫生部负责社会服务立法，促进和保持个人、家庭和社区的功能和能力、社会福祉、安全和融合。市政府负责提供社会服务，社会服务为反对家庭暴力和其他形式的暴力与虐待、儿童服务、戒毒服务、残疾人服务、老年人服务、住房服务、精神卫生服务等需求提供支持。《社会福利法》规定的一般社会服务包括社会工作和社会指导、社会康复服务、家庭服务和家庭照料、住房服务、非正式照料、机构服务、精神卫生和戒毒服务、儿童指导和家庭咨询等
捷克	通过提供社会服务，促进服务对象的发展，至少是能够维持现有的自我满足状态，帮助服务对象返回原有的居住环境、更新或保持原有的生活方式，提高独立能力，减少社会和健康风险
新加坡	通过提供领导力和指导，帮助成员组织提高社会服务能力，满足社会服务需求，强化战略伙伴关系，创造一个更有效的社会服务生态系统
格鲁吉亚	支持大多数社会脆弱阶层，提高服务质量和服务的完美性，用更加灵活的、简单易行的和迅速的、容易获得的方式为服务对象提供服务
摩洛哥	负责所有与社会福利和社会服务有关的工作，为公民提供所需的社会福利和社会服务的信息、指导和帮助
巴哈马	儿童保护、儿童照料设施和场所，为易遭受虐待和遗弃的 18 岁以下儿童和青少年提供服务，社区支持，残疾人服务，学龄儿童服务，老年人服务，家庭服务等

资料来源：根据上述国家政府部门网站整理。

二 政策法规

从表 7-1 列举出的国家的社会服务政策法规再挑选出一些进行分析,可以发现,在不同的政府行政管理体制下,一个国家社会服务政策所从属的行政部门和行政层级也会有所差异,概括起来主要有四种从属形式。第一,从属于中央的社会服务政策,即国家颁布的社会服务法,如英国、瑞典、丹麦、捷克等国。这种政策的优势在于符合依法治国的精神,有利于全国统筹;难点在于针对各地方出现的问题灵活性差,会出现中央与地方的矛盾。在这种从属形式中,英国的情况比较特殊。英国中央和地方都有社会服务法,如英格兰、威尔士、苏格兰和北爱尔兰都颁布了地方的社会服务法。第二,从属于某个政府职能部门的社会服务政策,如格鲁吉亚和斯里兰卡等国政府部门出台的社会服务政策。这种政策的优势在于针对性强,难点在于可能会出现部门之间的矛盾。第三,从属于地方的社会服务政策,如加拿大马尼托巴省的《社会服务行政管理法1979》和不列颠哥伦比亚省的《社会服务税收法1996》等。第四,引导地方社会服务的政策,如美国。美国的情况比较特殊,主要的社会服务政策由州政府制定和实施。联邦政府颁布的《社会服务固定拨款法案》,列出中央资金支持的社会服务项目,通过给各州提供援助,引导各州政府的社会服务活动符合中央意图,从而达到地方服从中央的目的。这种政策的优势在于地方自主性和灵活性强,难点在于因经济差异地区之间会出现不平衡。上述四种从属形式,前两种属于单一制国家社会服务政策的典型形式,后两种属于联邦制国家社会服务政策的典型形式。

如果再从政策法规的形式和内容来看,主要有五种模式。

第一，用社会服务法统领各种相关法律，即分散的法律文本模式，以英国为代表。在英国，管理社会服务的法律主要有《地方当局社会服务法1970》。该法只规定其他相关法律的哪些内容属于社会服务，哪些在修订后要废止。最近一版社会服务法涉及的相关法律包括《地方政府法1972》、《国民卫生服务法2006》、《社会服务和福祉（威尔士）法2014》、《卫生和社会照料（社区卫生和标准）法2003》、《卫生和社会照料法2012》、《国民卫生服务和社区照料法1990》、《儿童法2004》、《国民卫生服务法1977》、《照料法2014》、《儿童照料法1980》、《收养法1976》、《儿童寄养法1980》、《精神卫生法1983》、《精神卫生法2007》、《住房（无家可归者）法1977》、《国民援助法1948》、《残疾人（就业）法1958》、《健康服务和公共健康法1968》、《长期患病和残疾人法1970》、《国民健康服务和社区照料法1990》、《照料者法1995》、《社区照料法1996》、《照料标准法2000》、《照料者和残疾儿童法2000》等。社会服务法给出要废止的部分有3张表，本书只介绍其中部分废止内容（见表7-3）。

表7-3 英国社会服务法中部分废止的内容

章	法律	废止程度
11&12 Geo. 6. c. 29	《国民援助法1948》	33（2）款； 35（2）款"under the general guidance of the Minister and"用词； 计划表3
11&12 Geo. 6. c. 43	《儿童法1948》	29-42款； 计划表3中与《儿童和青年人法1937》96（7）款相关部分
6&7 Eliz. 2. c. 33	《残疾人法1959》	3（3）款中"and subject"往前的用词； 计划表中第2项和第3（3）项从"and in particular"到"Three"的用词

续表

章	法律	废止程度
7&8 Eliz. 2. c. 5	《收养法 1958》	计划表 4，与《儿童法 1948》39 款相关的准入

资料来源：UK, *Local Authority Social Services Act 1970*, http://www.legislation.gov.uk/ukpga/1970/42/contents。

第二，完整的法律文本模式，以北欧国家、美国和捷克为代表。社会服务法有详细的条款和规定，自成一体，同时也在社会服务法中指出相关法律适用的部分。

第三，以《社会福利法》为基石的法律文本模式，如芬兰和以色列。社会服务纳入统一的社会福利中，便于社会服务与其他各种社会福利政策的协调。

第四，以一组法律集群为依据，开展社会服务，如巴哈马。

第五，部门政策模式。格鲁吉亚、多米尼加和纳米比亚等国没有立法，只有部门政策。

概括起来，第四种和第五种模式都是我们现阶段可以学习借鉴的，第一种、第二种和第三种模式则是未来要实现的。至于未来采取哪种法律文本形式，可能第二种模式更适合中国。

第二节　中国香港和澳门社会服务行政主管机构设置和政策法规

一　行政主管机构设置

香港于 1958 年成立社会福利署，主管社会服务工作，具体业务交由香港社会服务联会等实施。香港社会服务联会由志愿组织"紧急救济联会"转变而来，于 1951 年正式成为法定民间组织团体。如今香港社会服务联会共有约400个机构会员，它们通过其属下遍布香港3000多个服务单位，为香港市民提供超过九成的社会福利服务。

澳门的社会服务由社会工作局负责，向居民提供各类社会福利服务，向社会团体提供资助开办社会服务设施及活动，设立社会安全网，让澳门本地贫困人员得到基本生活保障，让弱势群体得到适切的照顾。澳门特区政府充分认识到社会团体在社会生活中的重要作用，坚持倡导"合作伙伴关系"理念，主要发挥领导、引导、推动、协助的作用，积极支持社会团体开展各类活动，充分发挥其自身创造力，支持其在政府与居民之间发挥桥梁作用，为澳门的社会服务贡献积极力量。澳门特区政府与社会团体的合作领域比较广泛，一般采取三种形式：一是政府提供资金支持，或每年给予一定比例的财政拨款，或以购买服务项目的形式，使社会团体有能力提供某项服务；二是政府提供设施，如场地、装置和设备等，社会团体可以免费使用；三是政府向社会团体举办的某项服务提供技术或财政资助，并由政府有关部门派员对其服务进行跟进监督。

香港和澳门的这种行政主导、民间组织实施的"官办民营"模式值得学习和借鉴。

二 政策法规

香港经过近70年的发展，形成了一系列完善的和相互匹配的社会服务政策法规。香港《基本法》第六章"教育、科学、文化、体育、宗教、劳工和社会服务"中的第一百四十五条规定，香港特别行政区政府在原有社会福利制度的基础上，根据经济条件和社会需要，自行制定其发展、改进的政策。第一百四十六条规定，香港特别行政区从事社会服务的志愿团体在不抵触法律的情况下可自行决定其服务方式。在《基本法》框架下，香港的特色在于社会服务政策法规以多个条例组成（见表7-4）。

表7-4 香港适用于社会服务的主要条例

章号	条例名称	章号	条例名称
13	《未成年监管条例》	136	《精神健康条例》
189	《家庭及同居关系暴力条例》	213	《保护儿童及少年条例》
225	《感化院条例》	226	《少年犯条例》
243	《幼儿服务条例》	290	《领养条例》
298	《罪犯感化条例》	378	《社会服务令条例》
459	《安老院条例》	475	《监管释囚条例》
486	《个人资料（隐私）条例》	505	《社会工作注册条例》
512	《拐卖和管养儿童条例》	566	《药物依赖者治疗康复中心条例》
579	《防止儿童色情物品条例》	613	《残疾人院舍条例》
1100	《社会工作训练基金条例》	1103	《紧急救援基金条例》

资料来源：根据香港社会福利署网站整理。

澳门《基本法》第六章"文化和社会事务"中的第一百三十条规定，澳门特别行政区政府在原有社会福利制度的基础上，根据经济条件和社会需要自行制定有关社会福利的发展和改进的政策。第一百三十一条规定，澳门特别行政区的社会服务团体，在不抵触法律的情况下，可以自行决定其服务方式。第一百三十二条规定，澳门特别行政区政府根据需要和可能逐步改善原在澳门实行的对教育、科学、技术、文化、体育、康乐、医疗卫生、社会福利、社会工作等方面的民间组织的资助政策。在《基本法》框架下，澳门管理社会服务的政策法规主要由法律、法令、行政法规、训令、行政命令和批示等构成（见表7-5、表7-6和表7-7）。

表 7-5　澳门管理社会服务的主要法律

编号	名称	刊登日
第 10/2016 号	修改第 17/2009 号法律《禁止不法生产、贩卖和吸食麻醉药品及精神药物》	2016/12/28
第 2/2016 号	《预防及打击家庭暴力法》	2016/06/06
第 4/2014 号	修改第 17/2009 号法律《禁止不法生产、贩卖和吸食麻醉药品及精神药物》	2014/04/08
第 9/2011 号	《残疾津贴及免费卫生护理服务的制度》	2011/08/29
第 2/2007 号	《违法青少年教育监管制度-社区支援计划（第 16 条）》	2007/04/16
第 1/2004 号	《承认及丧失难民地位制度（第 5 条、第 6 条及第 7 条-难民事务委员会）》	2004/02/23
第 6/94/M 号	《家庭政策纲要法》	1994/08/01

资料来源：根据澳门社会工作局网站整理。

表 7-6　澳门管理社会服务的主要法令

编号	名称	刊登日
第 65/99/M 号	规范《未成年人司法管辖范围内之教育制度及社会保护制度/收养法例》	1999/10/25
第 33/99/M 号	核准《预防残疾及使残疾人康复及融入社会之制度》	1999/07/19
第 31/99/M 号	核准《精神卫生制度》	1999/07/12
第 22/95/M 号	《订定澳门社会工作司对从事社会援助活动之私人实体之援助形式》	1995/05/29
第 90/88/M 号	《规范发准照予社会服务设施程序之法规》	1988/09/27
第 52/86/M 号	《社会工作体系》	1986/11/17
第 24/86/M 号	《订定澳门居民取得卫生护理规则（第 11 条）》	1986/03/15

资料来源：根据澳门社会工作局网站整理。

表 7-7　澳门管理社会服务的主要行政法规

编号	名称	刊登日
第 27/2016 号	《妇女及儿童事务委员会》	2016/11/28
第 28/2015 号	《社会工作局的组织及运作》	2015/12/30
第 13/2014 号	修改《托儿所之设立及运作之规范性规定》	2014/06/23
第 3/2011 号	《残疾分类分级的评估、登记及发证制度》	2011/01/24

续表

编号	名称	刊登日
第18/2010号	修改《托儿所之设立及运作之规范性规定》	2010/10/04
第6/2007号	《订定向处于经济贫乏状况的个人及家团发放援助金的制度》	2007/04/02
第20/2004号	修改《托儿所之设立及运作之规范性规定》	2004/06/28
第2/2004号	《灾民中心的规范性规定》	2004/01/05
第33/2003号	《社会工作委员会的组成、架构及运作方式》	2003/10/27

资料来源：根据澳门社会工作局网站整理。

概括起来，香港管理社会服务的法律主要由香港《基本法》框架内的各种条例构成。澳门管理社会服务的政策主要由澳门《基本法》框架内的各种法律、法令、行政法规、训令、行政命令和批示等构成，澳门的政策法规形式与中央政府类似。可以说，香港和澳门的政策法规对中央政府的借鉴意义更大。

第三节　中国中央政府社会服务行政主管机构和政策法规整合与创设

一　行政主管机构整合和创设

中国中央政府目前只是在国家发改委社会发展司下设社会服务处，负责社会服务业务的规划编制，并没有设立统一管理社会服务业务的行政机构，社会服务业务分散在各个政府部门。从表7-8可以看到，尽管大部分社会服务业务主要由民政部门负责管理，但社会服务业务分散在多个部门，甚至出现一项业务由多个部门管理，如儿童和家庭福利服务，分别由民政部、教育部、国家卫健委三家主管。这种特征明显的碎片化状况很容易产生服务对象割裂、各自为战、政出多门、资金和设施建设重复使用、服务项目供给重复和缺失、监督检查不力、效率不高和效果不佳等风险。而上述国家和地区基本是将儿童和家庭福利服务统一归口社会服务管理，其中英国儿童和家庭福利服务由教育部主管但属于社会服务业务，美国则由卫生和人类服务部下设的儿童和家庭局管理。中国香港和澳门的儿童和家庭福利服务分别由社会福利署和社会工作局统一管理。考虑到2018年底，新一轮的政府机构改革将基本社会服务纳入《民政部职能配置、内设机构和人员编制规定》中。因此，未来用整合的方法治理社会服务和设置社会服务行政机构可行的方案是在民政部设立社会服务局来统领社会服务业务。

表7-8 中国中央政府管理社会服务业务的主要政府部门

主管部门	社会服务业务
民政部	社会福利院、养老服务、社区服务、社会工作、农村五保供养服务、残疾人服务（主要是设施建设和管理）、精神卫生福利服务、儿童福利和保护服务（包括寄养服务、收养服务、孤儿监护和孤儿安置、孤残儿童福利、流浪未成年人解救保护等）、无家可归者和流浪乞讨者等社会救助服务等
国家发改委	规划编制
教育部	儿童照料（幼儿园）和学前教育、人才培养
国家卫健委	精神卫生、家庭服务、医养结合
司法部、公安部	戒毒服务、精神病犯人等
住房和城乡建设部	设施规划、建设标准
人力资源和社会保障部	职业技能标准、就业保护
工业和信息化部	养老服务等信息化建设
国家市场监督管理总局	质量管理、标准化工作
中国残联	残疾人康复、残疾人庇护性就业服务、残疾人托养等
司法部、公安部、全国妇联等部门	预防和制止针对妇女的家庭暴力、严厉打击拐卖和强迫卖淫等庇护保护服务
退役军人事务部	优抚服务，包括光荣院、荣誉军人康复医院、复员军人精神病院、军队离退休人员活动中心等

资料来源：根据上述政府部门网站整理。

二 政策法规整合和创设

中国中央政府于 2012 年出台的《中央财政支持社会组织参与社会服务项目实施方案》和配套政策《中央财政支持社会组织参与社会服务项目资金使用管理办法》，2016 年出台的《"十三五"社会服务兜底工程实施方案》，开启了中国社会服务制度创设中的政策创设，具有重要意义。但目前涉及社会服务的政策法规仍然分散在各个部门主管的政策法规中，表 7-9 显示社会服务政策具有四个特点。第一，部门化和碎片化特征明显。社会服务政策分散在民政、卫生、教育、公安等部门，不可避免地会出现职能、财政资金安排、设施建设和服务项目交叉和重叠的情况。尤其典型的是养老服务政策，出现"九龙治水"的乱象。第二，已有的政策法规配套性差。政策法规之间、同一政策法规内的协调不够。规范性文件过多、过频繁，冲淡了法律的权威性。第三，政策存在缺失。有些急需的社会服务项目缺少政策支持。第四，尽管存在上述三个不足的特点，但毕竟这些政策法规为创设社会服务政策法规奠定了良好的基础，也就是说，创设社会服务制度的政策法规基础已经具备。

表 7-9　中国中央政府管理社会服务的主要政策法规

人群	法律	法规	主要规范性文件
老年人	《中华人民共和国老年人权益保障法》	《养老机构管理办法》（民政部） 《养老机构设立许可办法》（民政部） 《农村敬老院管理暂行办法》（民政部）	《关于全面推进居家养老服务工作的意见》（全国老龄办、民政部） 《社会养老服务体系建设规划（2011—2015 年）》（民政部） 《关于加快发展养老服务业的若干意见》（国务院） 《关于加强养老服务设施规划建设工作的通知》（住房和城乡建设部等）

续表

人群	法律	法规	主要规范性文件
老年人			《关于建立健全经济困难的高龄失能等老年人补贴制度的通知》（财政部、民政部、全国老龄办） 《关于推动养老服务产业发展的指导意见》（商务部） 《关于制定和实施老年人照顾服务项目的意见》（国务院） 《关于推进养老服务评估工作的指导意见》（民政部） 《关于支持整合改造闲置社会资源发展养老服务的通知》（民政部、国家发改委、教育部） 《关于推进养老服务发展的意见》（国务院）
残疾人	《中华人民共和国残疾人保障法》	《残疾人服务机构管理办法》（民政部、中国残联等） 《残疾人就业条例》（中国残联等） 《残疾预防和残疾人康复条例》（国务院、中国残联） 《残疾人托养服务基本规范》（中国残联）	《"十三五"残疾人托养服务工作计划》（中国残联） 《"十三五"加快残疾人小康进程规划纲要》（国务院、中国残联等） 《关于加快发展残疾人托养服务的意见》（中国残联、国家发改委、民政部等）
儿童、未成年人和家庭	《中华人民共和国未成年人保护法》 《中华人民共和国预防未成年人犯罪法》 《中华人民共和国收养法》 《中华人民共和国妇女儿童权益保护法》 《中华人民共和国妇女权益保障法》	《幼儿园管理条例》（教育部） 《幼儿园工作规程》（教育部） 《幼儿园规范办园行为督导评估办法》（教育部） 《家庭寄养管理办法》（民政部） 《中国公民收养子女登记办法》（民政部）	《关于当前发展学前教育的若干意见》（国务院） 《坚决打击拐卖妇女儿童犯罪活动的通知》（公安部、民政部、司法部、全国妇联等） 《中国反对拐卖人口行动计划（2013—2020年）》（国务院） 《关于做好政府购买青少年社会工作服务的意见》（团中央、民政部、财政部） 《关于建立残疾儿童康复救助制度》（国务院）
存在精神健康问题的人	《中华人民共和国精神卫生法》	《麻醉药品和精神药品管理条例》（国家卫健委）	《关于加快民政精神卫生福利服务发展的意见》（民政部） 《卫生部关于加强对精神病院管理的通知》（国家卫健委）

续表

人群	法律	法规	主要规范性文件
吸毒者	《中华人民共和国禁毒法》	《公安机关强制隔离戒毒所管理办法》（公安部） 《强制戒毒所管理办法》（公安部） 《戒毒医疗服务管理暂行办法》（国家卫健委）	《关于做好戒毒康复人员就业和社会保障工作的通知》（人社部、国家禁毒委员会、民政部、公安部、司法部等） 《关于加强戒毒康复人员就业扶持和救助服务工作的意见》（国家禁毒委员会、公安部、民政部、财政部等） 《全国社区戒毒社区康复工作规划（2016—2020年）》（国家禁毒委员会、公安部、国家卫计委、民政部、司法部、财政部、人力资源和社会保障部等）
社会福利和社会救助对象		《社会福利机构管理暂行办法》（民政部） 《农村五保供养服务机构管理办法》（民政部） 《农村五保供养工作条例》（民政部） 《社会救助暂行办法》（民政部）	《关于支持社会力量兴办社会福利机构的意见》（民政部） 《关于进一步加强和改进临时救助工作的意见》（民政部、财政部） 《关于促进社会力量参与流浪乞讨人员救助服务的指导意见》（民政部）

资料来源：根据上述政府部门网站整理。

总　结

中国是单一制国家，未来社会服务行政主管机构设置如何安排，出台何种政策法规，需要立足于国情进行综合设计。就目前的情况来看，应从两个方面着手整合和治理。第一，需要在政府部门中设置社会服务主管机构。将社会服务业务整合到一个行政部门统一管理。可行的方案是在民政部设立社会服务局，将民政部下属的事业单位中国福利中心升格为国家社会服务联会/国家社会服务理事会。第二，社会服务政策法规创设应首先制定部门政策，然后出台社会服务条例，最后逐步过渡到社会服务法。未来政策的整合和治理，一是整合已有的政策法规；二是治理已有政策法规中不适当的部分；三是治理政出多门的乱象；四是补充和增加缺失的部分；五是现阶段出台部门政策，仍可以按照法律、法规和规范性文件的形式出现。

第八章　社会服务财金制度整合与创设

第一节　外国社会服务财金制度安排

一　科目和总额

与所有政府确立和进行的社会福利事业一样，建立社会服务制度的一个重要环节是在政府财金制度中设立社会服务财政预算/支出科目。例如，瑞典包括老年人照料服务在内的社会服务领域是政府2017年预算法案支出领域9——"健康保健、医疗保健和社会服务"的一部分（见表8-1）。

表8-1　瑞典政府预算法案中社会服务包括的款项

4.1	卫生和社会照料检查
4.2	残疾领域的某些政府拨款
4.3	残疾人汽车津贴
4.4	用于国家援助津贴的费用
4.5	针对老年人政策中的激励性拨款和措施
4.6	全国机构照料委员会

续表

4.7	用于社会工作发展的拨款
4.8	用于儿童和青少年社会照料中虐待事件的赔偿
4.9	补偿委员会
4.10	家庭法和家长支持管理局

资料来源：Government Offices of Sweden, https://www.government.se/government-policy/social-services-including-care-for-older-people/social-services-including-care-for-older-people-in-the-central-government-budget/。

社会服务财政预算/支出安排主要包括资金来源、总的财政预算/支出、中央/地方财政拨款总额/比例、项目金额分配等。从财政资金总额来看，不同的福利意识形态和福利模型决定不同的社会服务财金规模，英国和美国等自由市场模型国家的社会服务公共支出水平较低，而丹麦等社会民主福利模型国家的社会服务公共支出水平较高（见表8-2）。

表8-2 部分国家社会服务财政预算/支出总额

国家	年度预算/支出	总额	币种	备注
英国[①]	2009~2010年度支出	303.85亿	英镑	
美国[②]	2017年预算	17亿	美元	来源于《社会服务固定拨款法案》
丹麦[③]	2015年支出	449亿	丹麦克朗	
芬兰[④]	2013年支出	64.5亿	欧元	卫生和社会服务总支出258亿欧元，其中社会服务占25%，老年人照料占11%
以色列[⑤]	2015年预算	118亿	新谢克尔	其中劳动、社会事务和社会服务部提供的社会服务为59亿新谢克尔，占政府全部支出的1.32%

资料来源：①Macrory (2010)；②Pavetti & Floyd (2016)；③Denmark Ministry of Social Affairs and the Interior (2016)；④Finland National Institute for Health and Welfare, http://alueuudistus.fi/en/total-expenditure；⑤Gal & Madhala-Brik (2016)。

二 中央/地方财政拨款总额/比例

不同的政策政治从属性质及其在政策体制中的制度设置和安排

要素形成不同的中央/地方财政关系。

第一,以英国和以色列等为代表的中央拨款为主的财政制度。在英国,地方政府负责管理社会服务资金。地方政府的资金来源于地方税收、中央政府拨款和使用者的付费,其中75%的支出来源于中央政府拨款(Moodie,2004)。以色列的社会服务资金也是75%来源于中央政府预算,地方承担25%(Gal & Madhala-Brik,2016)。这一制度的优势在于地方负担轻,难点在于中央财政压力大,评估和平衡各地方财政支出的技术难度大。

第二,以瑞典、挪威、丹麦等为代表的地方财政负责、中央补贴的财政制度。这一制度的优势在于地方财政自主性强,难点在于中央评估和平衡各地方财政支出的技术难度大,地方因财力不同服务水平会有差异。

第三,以美国和捷克等为代表的中央和地方两级财政制度。美国采取双线财政资金安排方式,州政府自行安排社会服务财政预算,如康涅狄格州社会服务局的财政占州财政预算的三分之一(U. S. State of Connecticut Department of Social Services,2009),联邦政府提供社会服务资金援助。根据第六章表6-1推算,2011年美国社会照料支出总额为930亿美元。为了分析方便,下面重点选择美国社会服务固定拨款(SSBG)的情况进行分析,实际上美国卫生和人类服务部发布社会服务分析报告主要也是聚焦于SSBG的。在捷克,地方负责社会服务的资金安排,国家预算可向以安排提供社会服务为目的并注册登记的社会服务提供者提供资金支持,并对中期社会服务发展规划所涉及社会服务供给方面的日常费用进行资金补贴。这一制度的优势在于灵活性强,问题在于中央财政援助地方在操作层面上有技术难度。

三 社会服务对象和项目金额分配

1. 英国

英国在 2005~2010 年 5 个财政年度,将个人社会服务支出对象分为 5 类(见表 8-3)。个人社会服务主要指提供家庭帮助、家庭照料、儿童照看和儿童保护服务,地方政府提供的寄养照料服务,为失业者提供的服务等。从表 8-3 也可以看出,2009~2010 年度老年人的社会服务支出最多,占总支出的 34%;其次是疾病和残疾,占总支出的 29%;位于第三位的是家庭和儿童,占总支出的 27%(Macrory,2010)。

表 8-3 英国分对象的个人社会服务支出

单位:百万英镑

年度	2005~2006	2006~2007	2007~2008	2008~2009	2009~2010
疾病和残疾	7019	7305	7956	8469	8952
老年人	8617	8892	9368	9929	10290
家庭和儿童	6309	6654	7024	7481	8082
失业	837	1424	1391	1384	1105
社会排斥	1784	1769	1814	1924	1956
总计	24566	26044	27553	29187	30385

资料来源:Macrory(2010)。

或许是因为机构调整或其他原因,英国从 2015 年起,儿童社会服务和成年人社会服务财政预算/拨款分别由教育部、卫生和社会照料部分别统计/分析。英国 2015~2016 年度成年人个人社会照料服务支出为 169.7 亿英镑。其中,130.6 亿英镑用于长期照料支出,5.54 亿英镑用于短期照料,剩下的 33.6 亿英镑用于其他社会照料。136.2 亿英镑短期和长期照料支出中,70.5 亿英镑用于 65 岁及以上老年人，65.6亿英镑用于18～64岁人口。长期照料支出中65岁及以上和18～64岁分别为66.5亿英镑和64.1亿英镑。短期照料支出中65岁及以上和18～64岁分别为4.01亿英镑和1.53亿英镑。每个成年人长期住所照料和长期护理照料平均每周花费分别为716英镑和596英镑。图8-1显示出18～64岁和65岁及以上人口短期和长期照料支出的比例（Adult Social Care Statistics，2016a）。

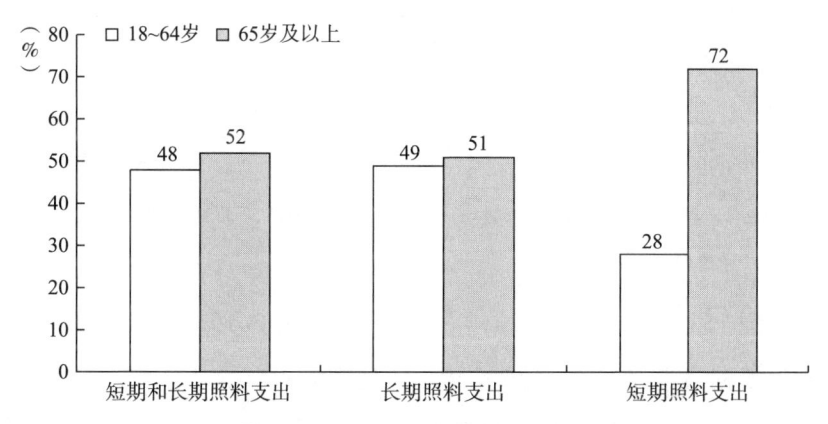

图8-1 英国2015～2016年度短期和长期照料支出中
18～64岁和65岁及以上人口占比

资料来源：Adult Social Care Statistics（2016a）。

图8-2显示了成年人其他社会服务支出：第一，社会支持，包括药物滥用、寻求庇护者和社会隔离等；第二，援助性设备和技术，包括远程照料服务合同以及设备和改装的费用等；第三，社会照料活动，包括与评估和照料管理相关的支出；第四，信息和早期干预费用；第五，委托和服务发送等费用。2014～2015年度和2015～2016年度其他社会服务支出分别为34.4亿英镑和33.8亿英镑。2015～2016年度最大支出是社会照料活动，为15.66亿英镑；最少支出是对寻求庇护者的支出，为0.23亿英镑（Adult Social Care Statistics，2016a）。

```
（十亿英镑）
1.8
1.6  1.57 1.57           □ 2014~2015年度   ■ 2015~2016年度
1.4
1.2
1.0         1.05 1.05
0.8
0.6
0.4
0.2              0.25 0.23  0.21 0.21  0.21 0.18  0.08 0.08  0.04 0.04  0.02 0.02
0
    社会照料活动  委托和服务发送  信息和早期干预  援助性设备和技术  支持照料者  社会隔离  药物滥用  寻求庇护者
```

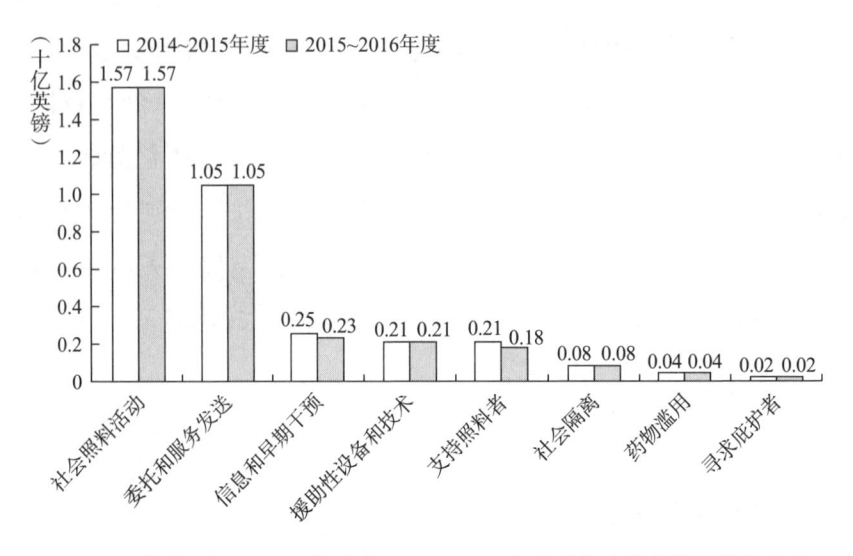

图 8-2　英国 2014~2015 年度和 2015~2016 年度成年人其他社会服务支出

资料来源：Adult Social Care Statistics (2016a)。

英国 152 个地方政府 2010~2011 年度至 2015~2016 年度 18 岁以下儿童社会服务支出下降了 9%（见表 8-4）。

表 8-4　英国 2010~2011 年度至 2015~2016 年度 18 岁以下儿童社会服务支出

单位：百万英镑

年度	需要社会服务支出	获得照看支出	0~5岁确保开端计划	收养支出	其他	总计
2010~2011	2779（28%）	2904（29%）	1503（15%）	249（3%）	2507（25%）	9942（100%）
2011~2012	2856（31%）	2951（32%）	1164（13%）	254（3%）	1902（21%）	9127（100%）
2012~2013	2876（31%）	2952（32%）	1240（13%）	274（3%）	1880（20%）	9222（100%）
2013~2014	2990（33%）	2946（32%）	1077（12%）	347（4%）	1765（19%）	9124（100%）
2014~2015	3092（34%）	2955（33%）	952（11%）	342（4%）	1657（18%）	8999（100%）
2015~2016	3179（35%）	3071（34%）	844（9%）	316（4%）	1602（18%）	9012（100%）

资料来源：Aldaba (2017)。

2. 美国

2013 年，美国 SSBG 支出几乎全被用于脆弱成年人、儿童和残疾人的需求（Pavetti & Floyd, 2016; U.S. Department of Health and Human Services, 2015）。儿童福利服务/风险青少年服务占30.9%，脆弱成年人和老年人服务占24.0%（老年人指60岁及以上），咨询和支持性服务占13.5%，残疾人服务占11.9%，其他服务占11.5%，儿童照料服务占4.3%，行政费用占4.0%（见表8-5）。

表8-5 2013年美国SSBG用于服务项目的资金分配

单位：美元，%

服务项目分类	SSBG支出	占SSBG总支出的比例
儿童福利服务/风险青少年服务	507024511	30.9
寄养照料服务-儿童	136561274	8.3
保护性服务-儿童	132261396	8.0
预防和干预服务	69478855	4.2
住宅处理服务	63023955	3.8
收养服务	29712410	1.8
独立/过渡生活服务	10845289	0.7
特殊服务-风险青少年	65141332	4.0
脆弱成年人和老年人服务	394090823	24.0
保护性服务-成年人	181685012	11.1
居家服务	137649489	8.4
寄养照料服务-成年人	28700968	1.7
日间照料服务-成年人	23936030	1.5
居家送餐服务	20642411	1.3
集体供餐服务	1476913	0.1
咨询和支持性服务	221260844	13.5
个案管理	132455667	8.1
咨询服务	26335394	1.6
交通服务	19543296	1.2
与健康相关的服务	16846356	1.0
住房服务	13051578	0.8
药物滥用服务	13028553	0.8
残疾人服务	196149024	11.9

续表

服务项目分类	SSBG 支出	占 SSBG 总支出的比例
其他服务	188651671	11.5
其他服务	128383611	7.8
信息和转介服务	16894190	1.0
法律服务	14090355	0.9
就业服务	7934939	0.5
青年家长怀孕和育儿服务	7655808	0.5
家庭计划服务	7185925	0.4
教育和培训服务	5812304	0.4
娱乐服务	694539	0.0
儿童照料服务	70259364	4.3
行政费用	66026517	4.0

资料来源：Pavetti & Floyd（2016）；U. S. Department of Health and Human Services（2015）。

3. 丹麦和以色列

丹麦 2015 年社会服务支出中，社会处境不利的儿童和青年有 153 亿丹麦克朗，被边缘化的成年人和残疾人有 296 亿丹麦克朗（Denmark Ministry of Social Affairs and the Interior, 2016）。

2015 年以色列社会服务公共支出包括劳动、社会事务和社会服务部支出，建设和住房部预算，移民部支出，社会公平部支出，经济部的就业和早期儿童教育支出。其中，劳动、社会事务和社会服务部支出占社会服务全部公共支出的 50%，住房占 16%，就业服务占 19%，移民和社会公平支出占 14%。2015 年儿童日间照料和早期教育划归经济部主管，经济部负责建设儿童日间照料中心，监督家庭儿童照料，为儿童入园提供津贴。2015 年儿童日间照料支出为 12 亿新谢克尔。社会公平部职责包括援助老年人、提高妇女地位、援助青年人等，2015 年支出 0.66 亿新谢克尔（Gal & Madhala-Brik, 2016）。2015 年以色列劳动、社会事务和社会服务部下属各部门预算分配占比见图 8-3。

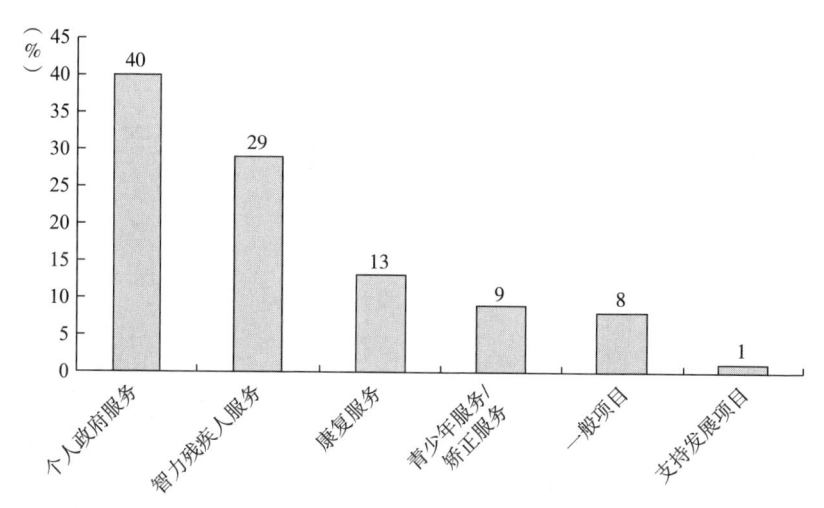

图 8-3 2015 年以色列劳动、社会事务和社会服务部下属各部门预算分配占比

资料来源：Gal & Madhala-Brik（2016）。

柱状图数据：个人政府服务 40%；智力残疾人服务 29%；康复服务 13%；青少年服务/矫正服务 9%；一般项目 8%；支持发展项目 1%。

四 中央财政拨款的地区支出/分配

1. 英国

英国 2015~2016 年度成年人社会服务支出和其他社会服务支出最多的是伦敦和东南部地区，最少的是东北部地区（见图 8-4

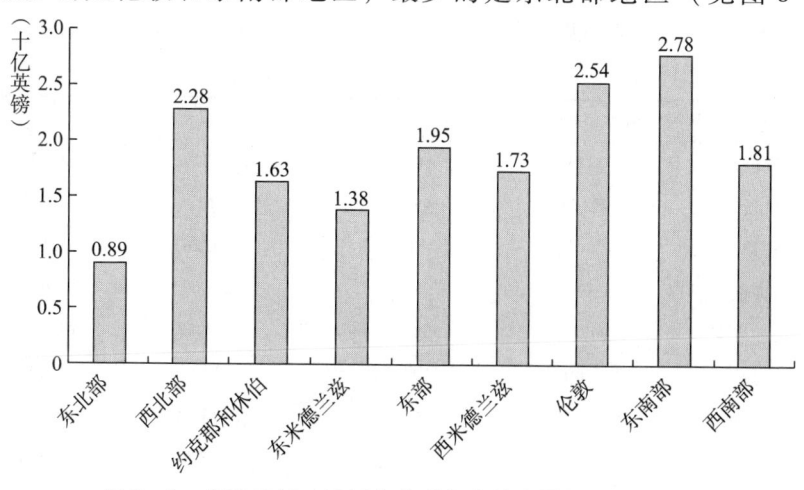

图 8-4 英国 2015~2016 年度成年人社会服务各地区支出

柱状图数据（十亿英镑）：东北部 0.89；西北部 2.28；约克郡和休伯 1.63；东米德兰兹 1.38；东部 1.95；西米德兰兹 1.73；伦敦 2.54；东南部 2.78；西南部 1.81。

资料来源：Adult Social Care Statistics（2016a）。

和图 8-5）。

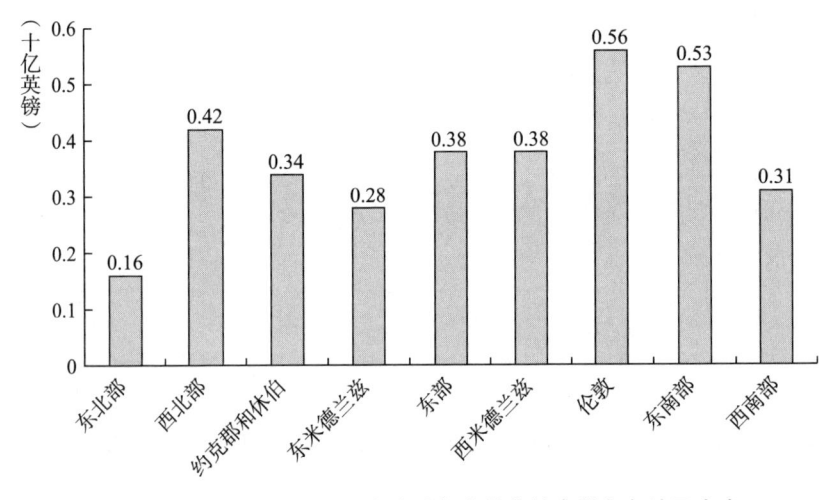

图 8-5 英国 2015~2016 年度成年人其他社会服务各地区支出

资料来源：Adult Social Care Statistics (2016a)。

2. 美国

2013 年，得到美国 SSBG 资金分配最多的是加利福尼亚州，最少的是怀俄明州（见表 8-6）。

表 8-6 2013 年美国各州（区）获得的 SSBG 资金额和获得服务的人数

单位：美元，人

州（区）	SSBG 资金分配	TANF 转移支付	SSBG 总支出	获得服务者
阿拉巴马	25812196	5000000	30812196	49739
阿拉斯加	3721041	4526033	8247074	45397
亚利桑那	44644903	21478358	66123261	6356353
阿肯色	16373663	0	16373663	154007
加利福尼亚	199671133	368108848	567779981	2928515
科罗拉多	30856067	1963705	32819772	47508
康涅狄格	14429766	19110234	33540000	683764
特拉华	4748985	0	4748985	13473
哥伦比亚特区	3624015	3935917	7559932	32900

续表

州（区）	SSBG 资金分配	TANF 转移支付	SSBG 总支出	获得服务者
佛罗里达	103057870	57134483	160192353	2337149
佐治亚	50535344	0	50535344	55964
夏威夷	3296229	9890000	13186229	12376
爱达荷	7411193	1199522	8610715	47003
伊利诺斯	68148120	1200000	69348120	885936
印第安纳	34007109	0	34007109	944157
艾奥瓦	15766839	12962008	28728847	95112
堪萨斯	15191404	10193106	25384510	71918
肯塔基	23170141	0	23170141	211326
路易斯安那	21536837	15857122	37393959	67195
缅因	6607061	7812089	14419150	87732
马里兰	30007977	22909803	52917780	107413
马萨诸塞	34837424	45937112	80774536	122376
密歇根	50849294	77535284	128384578	187930
明尼苏达	27198302	4790001	31988303	228872
密西西比	15335396	8676758	24012154	90051
密苏里	30947090	21701176	52648266	117671
蒙大拿	5135941	1998226	7134167	13379
内布拉斯加	9487163	0	9487163	46337
内华达	14503038	0	14503038	208870
新罕布什尔	5599116	793611	6392727	254979
新泽西	45298085	17590308	62888393	1690874
新墨西哥	10720695	0	10720695	25064
纽约	103495241	362794978	466290219	369093
北卡罗来纳	52915012	10075769	62990781	491308
北达科他	3521345	0	3521345	5793
俄亥俄	59395144	45742186	105137330	413369
俄克拉荷马	19521249	14528144	34049393	115681
俄勒冈	20521801	0	20521801	50276
宾夕法尼亚	65677471	30576016	96253487	5949229

续表

州（区）	SSBG 资金分配	TANF 转移支付	SSBG 总支出	获得服务者
罗德岛	5238667	9337841	14576508	300072
南卡罗来纳	24587081	0	24587081	20973
南达科塔	5424193	1915800	7339993	9270
田纳西	34158282	0	34158282	57807
得克萨斯	128392716	33494741	161887457	1686677
犹他	17328291	7607000	24935291	258034
佛蒙特	3225292	4735318	7960610	17892
弗吉尼亚	41686797	13825500	55512297	108388
华盛顿	35165658	5675000	40840658	135683
西弗吉尼亚	9552670	11017631	20570301	63537
威斯康星	29408042	15443200	44851242	166946
怀俄明	2925262	1850053	4775315	7860
波多黎各	8793103	7156250	15949353	9629
总计	1643462754	1318079131	2961541885	28458857

注：TANF 为贫困家庭临时救助。
资料来源：Pavetti & Floyd（2016）；U. S. Department of Health and Human Services（2015）。

上述国家社会服务财金制度中的预算科目设置和资金分对象、分项目、分地区分配的做法，尤其是政府定期发布社会服务财金报告，或委托固定机构定期发布社会服务财金报告制度，如英国政府委托 Adult Social Care Statistics 和 Aldaba、美国政府和国会分别委托 Center on Budget and Policy Priorities 和 Congressional Research Service、以色列政府委托 Taub Center for Social Policy Studies 等，为中国中央政府创设社会服务财金制度提供了很好的借鉴。

第二节 中国香港和澳门社会服务财金制度安排

从香港社会福利署发布的公报来看，香港社会福利包括社会保障和社会服务两大类,资金支出包括特区政府财政支出和私有部门支出。资金统计中包含私有部门支出,这是香港社会福利财金制度的一大特色。香港社会服务的财金支出项目主要包括家庭和儿童福利、老年人服务、康复和医疗社会服务、罪犯社会服务、社区发展、青年人服务六大类(香港社会福利署,2018)。2016~2017年度香港特区政府和私有部门社会服务总支出为1884770万港元(见表8-7)。

表8-7 2016~2017年度香港社会服务财金支出

单位:百万港元

项目类别	特区政府部门支出	私有部门支出	总计
家庭和儿童福利	1071.9	2068.2	3140.1
老年人服务	258.7	6867.6	7126.3
康复和医疗社会服务	620.3	5385.8	6006.1
罪犯社会服务	293.9	72.1	366.0
社区发展	4.9	185.6	190.5
青年人服务	91.9	1926.8	2018.7
总计	2341.6	16506.1	18847.7

资料来源:香港社会福利署(2018)。

2016年澳门社会工作局的社会福利服务本身预算为31亿澳门元,实际支出27.63亿澳门元,实现率为89%(见表8-8)。澳门社会服务财金制度的一大亮点是对社会服务机构/社团的财政资助。对社会服务机构/社团的财政资助分为定期资助、偶发性资助及资本转移。2016年定期资助总开支约10.79亿澳门元,比2015年增长了约16%;偶发性资助总开支约5600万澳门元,比2015年减少了约23%;资本转移总开支约7900万澳门元,较2015年增长了约84%(澳门社会工作局,2018)。澳门特区政府向社会服务机构/社团的偶发性资助及资本转移总计1.35亿澳门元(见图8-6)。

表8-8 澳门本身预算——组别费用发展

单位:澳门元,%

项目	2015年	2016年	增长率
1. 社会服务范畴内之开支	2003417437	2258184186	13
给予社会服务机构的财政资助	1044525262	1213840208	16
给予个人及家庭的财政援助	330671915	321010639	-3
敬老金	516731700	588752700	14
残疾津贴	104659200	124818200	19
本局辖下之社会设施	5199679	6058398	17
社区活动及为民提供的其他服务	480177	96844	-80
对社会范畴工作人员的培训	1149513	3607197	214
2. 辖下单位的运作及投资费用	391960122	462806430	18
员工	267459390	308112748	15
资产及劳务	54831878	64174928	17
投资费用	69668854	90518754	30
3. 转账往公营部门	36745707	41956601	14
总计	24432123268	2762947217	14

资料来源:澳门社会工作局(2018)。

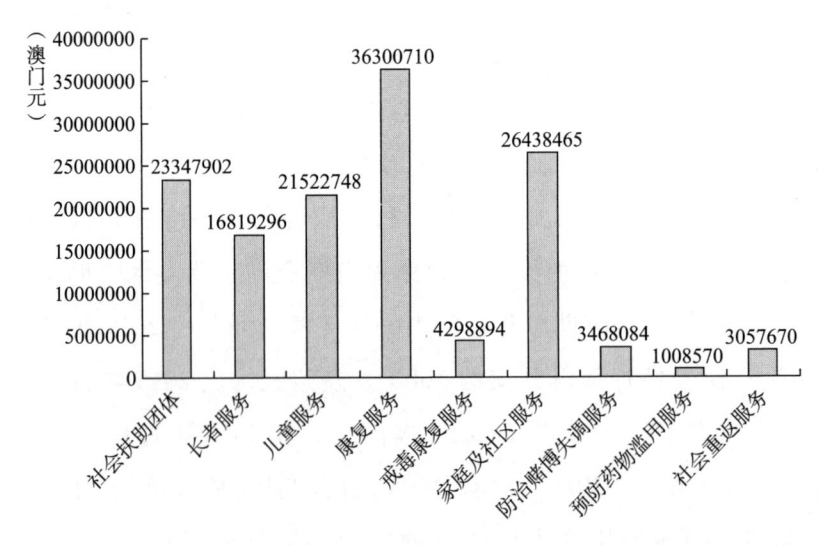

图8-6 2016年澳门特区政府向社会服务机构/社团的偶发性资助及资本转移情况

资料来源:澳门社会工作局(2018)。

香港和澳门社会服务财金制度中的特色/亮点值得中央政府学习和借鉴。

第三节 中国中央政府社会服务财金制度创设

笔者试图从中央政府各部门公布的数据中找出社会服务预算/支出数据，尝试做些分析，但结果并不理想，只获得了一些零碎的和不完整的数据，估计社会服务支出占财政支出的比例不到0.4%。

（1）从财政部（2017）公布的2016年全国一般公共预算、支出来看，除了特困人员供养外，无法确定社会福利、残疾人事业、红十字事业、临时救助中有多少资金用于社会服务（见表8-9）。

表8-9 2016年包含社会服务的预算/支出

单位：亿元

科目	预算	支出
社会福利	562.32	616.93
残疾人事业	393.64	460.60
红十字事业	17.62	20.32
临时救助	106.07	139.74
特困人员供养	185.07	227.66

资料来源：财政部（2017）。

（2）从民政部（2017）公布的数据来看，2016年支出中有无法进行分类的社会服务支出资金，但也有多项可以确定为社会服务支出的资金（见表8-10）。

表 8-10 2016 年民政部统计用于社会服务支出的部分数据

	资金来源	项目	支出金额
无法进行分类的社会服务支出资金	中央、地方、彩票公益金、社会捐助等	社会福利	753.4 亿元
	财社〔2016〕110 号中彩票公益金	老年人福利	2000 万元
		残疾人福利	430 万元
		儿童福利	380 万元
	财社〔2016〕111 号中彩票公益金	老年人福利	129072 万元
		残疾人福利	29550 万元
		儿童福利	59444 万元
部分可以确定为社会服务支出的资金	中央和地方财政	社会福利院经费	735632.6 万元
		儿童福利院经费	176155.4 万元
		精神病人福利院经费	198833.1 万元
		其他社会福利单位	473701.3 万元
	中央、地方、彩票公益金、社会捐助等	特困人员供养	237.3 亿元
	地方财政	养老服务补贴	1430601.7 万元
		重度残疾人护理补贴	315992.6 万元
		流浪乞讨人员救助	433535.9 万元
	中央专项拨款	流浪乞讨人员救助	199986 万元
	财社〔2016〕97 号	居家和社区养老服务改革试点	10 亿元
	国家预算内基本建设投资	为老年人与残疾人提供服务的机构	46.7 亿元
		为智障与精神病人提供服务的机构	2.3 亿元
		为儿童提供收养救助服务的机构	4.1 亿元
		不提供住宿的社会服务机构	10.0 亿元
		其他	20.4 亿元

资料来源：民政部（2017）。

（3）从教育部（2018a，2018c）公布的数据来看，全国学前教育财政投入从 2010 年的 244 亿元增长到 2016 年的 1325 亿元，增长了 4.4 倍，财政性学前教育投入占比从 1.7% 提高到 4.2%。2011～2016 年 6 年间中央财政累计投入学前教育专项资金 1023 亿元，地方财政投入超过 4000 亿元。这两组数据可以确定属于社会服务支出。

（4）从司法部（2018）公布的数据来看，2017 年财政预算中，强制隔离戒毒 782352 万元，强制隔离戒毒人员教育 3800 万元。这两组数据可以确定属于社会服务支出。

由于我国没有建立社会服务制度，所以没有在财政预算/支出中设立社会服务科目。长期以来社会服务在财政预算/支出中大都归口社会保障和就业科目，财政部社会保障司负责大部分中央社会服务预算/支出。尽管在财政统计中没有给出社会服务预算/支出具体数额，但实际上我们是有社会服务预算/支出的。如果有一个独立的社会服务部门来统筹，事情可能就好办了。民政统计年鉴虽然副标题叫"中国社会服务统计资料"，但这不是严格意义上的社会服务概念。民政部门虽然给出了一部分社会服务预算/支出数据，但还很不全面。比如养老服务预算/支出的数据，到底全国各级财政每年预算/支出多少，资金用在哪些项目上等从来没有统计过。残联的统计没有细化，所以给不出残疾人社会服务的预算/支出数据。目前幼儿园一直被看作是教育部门的工作，对于幼儿园照料是否属于社会服务，认识不统一。强制戒毒服务一直被看作是司法部门的工作，对于戒毒服务是否属于社会服务，认识同样不统一。

尽管如此，中国中央政府在社会服务制度创设阶段仍然有两个工作亮点值得分析和总结，这两个亮点不仅与美国的社会服务固定拨款有异曲同工的妙处，而且两个文件之间相得益彰，对于推动社会服务发展起到了积极作用。

第一个亮点是《"十三五"社会服务兜底工程实施方案》从 2017 年开始实施。2017 年社会服务兜底工程中央基建投资预算（拨款）总额为 54 亿元，2018 年社会服务兜底工程中央基建投资预算（拨款）总额为 538911 万元，本书重点分析 2018 年预算情况。2018 年共有 29 个省（自治区、直辖市、计划单列市）获得中央财政支持，北京、上海和天津三个直辖市没有获得中央资金。其中获得资金前四位的是贵州省、云南省、江西省和四川省，较少的是宁波市、广东省和江苏省（见表 8 - 11）。

表 8 - 11 2018 年各地获得社会服务兜底工程中央基建投资预算（拨款）金额

单位：万元

省（自治区、直辖市、计划单列市）	金额	省（自治区、直辖市、计划单列市）	金额
河北省	25371	湖南省	28095
山西省	10491	广东省	1647
内蒙古自治区	25655	广西壮族自治区	26763
辽宁省	11080	海南省	2020
吉林省	13005	重庆市	23720
黑龙江省	17774	四川省	33436
江苏省	1816	贵州省	39616
浙江省	6465	云南省	39469
宁波市	1160	西藏自治区	11391
安徽省	13127	陕西省	24840
福建省	11316	甘肃省	26605
江西省	33792	青海省	5250
山东省	7885	宁夏回族自治区	11808
河南省	26810	新疆维吾尔自治区	32712
湖北省	25792	总计	538911

资料来源：财政部（2018）。

从获批的 311 个项目来看，社会福利服务体系建设/中心/院项目34个，占比11%；老年人社会服务（养老服务）项目91个，占比29%；残疾人康复/托养服务及综合服务项目157个，占比51%；光荣院/特困人员供养服务设施项目29个（实际上属于养老服务体系建设项目，为了更加细化分析，本书根据获批项目名称将其从老年人社会服务项目中切割出来单列），占比9%。残疾人社会服务项目最多，其次是老年人社会服务项目。

从获得的资金来看，光荣院/特困人员供养服务设施项目最少但获得的资金最多，获得资金152859万元，占比29%；老年人社会服务项目获得资金140846万元，占比26%；社会福利服务体系建设/中心/院项目获得资金125206万元，占比23%；残疾人康复/托养服务及综合服务项目获得资金120000万元，占比22%。如果将老年人社会服务项目和光荣院/特困人员供养服务设施项目合并，项目总数为120个（占比38%），资金占比达到55%。

第二个亮点是从2012年民政部每年颁布《中央财政支持社会组织参与社会服务项目实施方案》。从2013年起每年拨款大约2亿元支持地方开展社会组织参与社会服务项目。本书重点分析2018年项目。经评审并经民政部批准，2018年中央财政支持社会组织参与社会服务项目共立项463个，立项资金约1.81亿元（见表8-12）。

表8-12　2018年中央财政支持社会组织参与社会服务项目数量和立项金额

项目类型	立项数量（个）	立项占比（%）	立项金额（万元）	立项占比（%）
发展示范项目（A类）	164	35	4100	22
承接社会服务试点项目（B类）	143	31	7000	39

续表

项目类型	立项数量（个）	占比（%）	立项金额（万元）	占比（%）
社会工作服务示范项目（C类）	121	26	5730	32
人员培训示范项目（D类）	35	8	1260	7
总计	463	100	18090	100

资料来源：民政部（2018），立项金额根据《2018年中央财政支持社会组织参与社会服务项目立项名单的通知》计算得出。

该方案要求在四大类项目中重点开展扶老助老服务、关爱儿童服务、扶残助残服务、社会工作服务、救助扶贫服务、能力建设和人员培训六类活动，实际的项目活动非常丰富。考虑到其中有些服务项目不能算作社会服务项目，本书从A、B、C大类中选择明确属于社会服务的项目进一步分析（见表8-13）。第一，中央支持社会组织参与社会服务的项目覆盖面很广，基本涵盖了第六章总结的具有普遍国际共识的社会服务对象。第二，对与表6-2提到的部分国家特殊社会服务对象，如大病患者康复服务、困境儿童/青少年保护、单亲家庭等社会服务进行了探索。第三，对中国的失独家庭提供社会服务。第四，与澳门特别行政区一样，为培育社会服务领域的伙伴关系，进行了有益的探索。

表8-13 2018年中央财政支持社会组织参与社会服务部分项目数量和金额

单位：个，万元

类别	服务对象	服务项目	数量	金额
A类	老年人	常规养老服务	17	425
		困难老人服务（包括高龄、失独、三无、五保、空巢）	11	275
		失能老人服务	3	75
	残疾人	康复/居家服务	5	125

续表

类别	服务对象	服务项目	数量	金额
A 类	儿童	困境儿童/青少年支持（包括流动儿童、留守儿童、少数民族儿童等）	24	593.978
		隔代抚养儿童	1	25
		自闭症、智障、脑瘫儿童服务	6	150
		残障儿童康复	3	75
	刑满释放人员	社区矫正服务	1	25
	吸毒者	戒毒服务	1	25
B 类	老年人	常规养老服务	13	630
		空巢老人服务	6	300
		失能失智老人服务	4	199.87
		医养结合老年人服务	1	27.22
		痴呆老人服务	1	49.63
		志愿服务	1	50
	残疾人	康复/托养/护理		
	儿童及家庭	单亲家庭关爱	1	50
		儿童支持（包括残障儿童、留守儿童）	8	344.10
		困境儿童及家庭支持	7	333
		儿童救护	1	50
		儿童早期教育（幼儿园）	1	49.94
		孤儿	1	50
		自闭症家庭喘息服务	3	101.45
	大病患者	康复服务	1	50
	精神障碍患者	关爱服务	2	100
	社会组织	参与社会服务项目	1	50
C 类	老年人	社会服务（包括照料、心理健康、社工介入、失智等）	21	1010
	儿童及家庭	困境儿童	3	127.89
		问题青少年及家庭	2	97.07
		社工介入儿童友好社区	2	100
		困境未成年人社会工作	1	50

续表

类别	服务对象	服务项目	数量	金额
C 类	儿童及家庭	服刑子女关爱	1	50
	老人和儿童	留守老人和儿童关爱	2	99
	残疾人	残疾人服务	1	50
		残疾儿童保护	1	20
	精神障碍患者	社区康复	1	50
	吸毒者	自愿戒毒服务	3	147.68
		戒毒社会工作	1	30
	刑满释放人员	社区矫正	1	50
		社会工作	1	50
	流浪人员	社会支持	1	43.31
	社会工作	社区社会工作	5	238

资料来源：民政部（2018），根据《2018年中央财政支持社会组织参与社会服务项目立项名单的通知》整理得出。

总的来看，目前的社会服务财金制度存在碎片化等特征，但建立社会服务财金制度的基础已经具备。

总　结

中国是单一制国家，未来社会服务财金制度如何安排，需要立足于国情和政策基础进行综合考量。就目前的情况来看，财政制度安排应从四个方面进行整合和治理。第一，要在财政制度中建立社会服务科目，整合已有的社会服务财政项目。第二，社会服务兜底工程和中央财政支持社会组织参与社会服务项目有特色、有效果，应结合美国《社会服务固定拨款法案》的经验，继续完善。第三，建立实行中央和地方两级财政制度，中央给予地方足够的自主权，中央根据各地经济发展水平给予不同数量的财政援助。在经济发达地区，以地方财政社会服务支出为主，中央财政援助为辅；在中等经济发达地区，地方财政社会服务支出与中央财政援助基本持平；在经济欠发达地区，中央财政援助要高于地方财政社会服务支出。第四，建立社会服务财金统计和报告制度。

第九章 社会服务资格认定制度创设

第一节 外国社会服务对象资格认定

如第六章所言,社会服务对象众多,但真正需要并能够获得社会服务的对象必须接受需求评估和资格认定,这就是实际获得社会服务的人比社会服务对象少,甚至少得多的原因。本节重点选择英国、美国、丹麦和捷克等国家进行分析。

一 "兜底"模式

如第三章所述,采取"兜底"社会服务供给模式的国家,把社会服务作为一种福利安全网,瞄准最不能独立的服务用户和有限收入的人,政府根据经济调查实施救助。建立社会服务制度的国家大都采取这种模式,以英国和美国最为典型,以色列、新加坡以及非洲、南亚等国家大都类似英国和美国的做法。相对来说,采取这种模式对社会服务对象进行资格认定,程序较为复杂,可能会存在信息不对称问题,对服务对象的甄别可能会出现疏漏,边缘困难群体容易被忽视。但政策聚焦,针对性强,"兜底"作用较为明显。

英国《照料法2014》(*Care Act 2014*) 规定，如果某人需要某种形式的社会照料服务，必须向地方政府的社会服务局提出申请，接受需求评估。地方政府的职责有三个：第一，给予申请者照料需求评估和建议，为申请者提供在其居住范围内的关于服务选择的信息；第二，如果申请者是一个无偿的/家庭照料者，那么，地方政府给申请者一个关于照料者的评估；第三，在需求评估之后，地方社会服务局将对申请者获得社会服务的资格进行认定，对其进行资产评估以确定支付的费用和服务计划。

获得社会服务资格标准大致有三项：第一，成年人的社会服务需求或由身体或精神损伤或疾病引起，或与身体或精神损伤或疾病有关；第二，个人必须无法完成所列资格标准中的两项（见表9-1）；第三，由于不能完成表9-1资格标准中至少两项，个人福祉受到显著的不利影响。

表9-1 英国获得社会服务的资格标准

资格结果	描述	提示和建议
（a）管理和保持营养	你能获得食物和饮料来保持营养吗？你能准备和消费食物和饮料吗？	生病或吃药使得你无法按时吃喝吗？ 你忘了吃喝吗？ 你需要有人提醒你吃喝吗？ 你能够自己购物吗？ 你可以给自己准备吃的吗？
（b）保持个人卫生	你可以自己洗衣和洗澡吗？	你每周至少洗两次澡吗？ 你需要有人提醒你洗澡吗？ 你有洗衣机吗？ 你可以自己洗衣服吗？ 你记得洗衣服吗？ 你洗衣服前要穿多少次？
（c）管理你的厕所需求	你有厕所并知道如何使用吗？	你需要帮助来使用厕所吗？ 你吃药会导致尿失禁吗？ 你有没有弄脏自己？

续表

资格结果	描述	提示和建议
(d) 穿着得体	你能给自己穿衣服吗？你能根据天气穿合适的衣服吗？	你需要别人帮助穿衣服吗？在冬天，你衣服穿得暖和吗？你记得在寒冷或下雨的时候穿夹克吗？你的衣服和鞋子状况良好吗？有没有破损、撕裂或漏洞？
(e) 能够安全地居家生活	你能在家里转悠一下，用一下厨房和浴室吗？你能轻松进出你的房屋吗？	
(f) 保持宜居的家庭环境	你的家足够干净和安全吗？有水、电和煤气吗？	你能使你的房子免于杂乱无章吗？你觉得做家务很难吗？你发现你有很多东西让你难以在家里转悠吗？你觉得扔掉东西很难吗？你记得把垃圾扔出去吗？如果汽油或电用完了，你能自己去买更多吗？你忘了关炉子吗？你忘记付煤气费或电费了吗？能自己解决这些问题吗？
(g) 发展和维持家庭或个人关系	由于精神健康阻碍了你保持已有的个人关系或者建立新的关系，你孤独/孤立吗？	你觉得孤立吗？你觉得你需要更多地接触人吗？你的精神健康会让你很难和人见面吗？你和你遇到的人相得好吗？如果你需要帮助或支持，你会去找谁？
(h) 获得和从事工作、培训或志愿工作	如果你愿意的话，你有没有机会通过工作、培训、教育或志愿服务来发挥自己的潜能，为社会做出贡献？做这些事情需要支持吗？	如果你想要教育、培训或志愿服务，知道去哪里寻找吗？你认为你的精神健康会阻碍你做任何教育、培训或志愿工作吗？你觉得你是你社区的一部分吗？如果你想去上课，你需要有人陪你去吗？你在学习或记忆信息方面需要帮助吗？
(i) 利用当地社区的必要设施或服务，包括公共交通和娱乐设施或服务	你能用公共交通工具安全出行吗？你需要支持来走动吗？	你可以使用公共交通吗？预约需要帮忙吗？你能独自旅行吗？你知道去哪里可以享受业余爱好或参加活动吗？你需要有人带你去这些地方吗？你觉得能使用健身房或休闲中心吗？
(j) 履行成年人对孩子的任何照顾责任	你有照料或养育孩子的责任吗？	药物的副作用是否意味着你不能及时起床帮助孩子早上做好准备？你觉得你的精神健康让你很难照顾你的孩子吗？

资料来源：Rethink Mental Illness (2016)。

与大多数国家政府直接面对社会服务对象不同，美国的《社会服务固定拨款法案》规定申请者分为实体和个人两类。第一，获得资格的实体指州、印第安部落或部落组织、高等教育机构、按照1998年《劳动力投资法》建立的地方劳动力投资委员会、根据《国家学徒法》登记注册的学徒项目赞助者或者社区组织。获得资格的实体实际上是连接政府与社会服务对象的中间环节。第二，获得资格的个人。一是指获得州TANF项目援助的个人；二是指其他低收入个人。各州有权决定为哪些人口提供社会服务及其项目，并根据人口需求的变化调整SSBG的支出。

二 北欧普遍模式

采用国家包揽社会服务供给模式的国家大都以社会服务对象的需求为导向提供服务。因为是全民福利国家，所以丹麦社会服务法规定任何合法居住在丹麦的人和在国外居住的丹麦人都有资格获得社会服务法确定的援助。尽管如此，获得社会服务也要满足这些条件：第一，强调满足存在身体或精神功能受损者的需求，或有特殊社会问题的人的需求；第二，援助应当基于社会服务接受者的个人责任和对他／她的家庭责任来提供；第三，援助应当根据对接受者特殊需求和境况的具体评估来提供，并根据职业和资金情况做出决策。

与丹麦类似，瑞典社会服务法规定获得援助的资格必须是不能自己养活自己的人。但是针对社会服务对象，政府也要根据官方调查并考虑不同家庭户类型来计算出全国支出水平和标准。此外，瑞典社会福利委员会对三类群体还提出了附加要求。三类群体是不足25岁，或者25岁以上但由于特殊原因需要提高劳动技能，或者参加了有特别资助的训练项目但在学习的间隙需要生计支持。要求一是工作实践或者技能提高活动的目的是要发展个人未来自立的可能性，加强个人进入劳动力市场或接受进一步训练的可能性；二是如果个人无适当理由却拒绝参加推荐的工作实践或者提高技能的活动，那以后的生计补助可能被停止或减少。

三 捷克后发模式

加入欧盟以后，捷克的社会福利事业努力吸取西欧和北欧国家的有益经验，社会服务独具特色。在欧盟成员国中，捷克的贫困率最低，仅为9.7%（Stur，2017）。捷克社会服务法规定有资格获得社会服务的人包括：一是在捷克共和国境内注册的永久居住的人员；二是符合捷克特别法律规定，获得政治避难的人员；三是在捷克共和国境内没有永久居住权但订定国际条约的外国人员；四是符合捷克特别法律规定的欧盟成员国的公民和家庭成员等。

（1）捷克社会服务资格认定的最大特色是将资格认定与津贴标准联系起来。捷克社会服务法规定，照料津贴应提供给依赖他人的帮助以安排必需的协助为目的的人，津贴的花费由国家预算支付。捷克将依赖等级分为四类，下列情形应视为一个人依赖于另一自然人的帮助（见表9-2）。

表9-2 捷克社会服务法规定的依赖等级

依赖等级	情况描述
等级一（轻度依赖）	如果由于长期的不利的健康状况，这些人需要日常援助，或在每天超过12个有关自我照顾和自给自足行为情况下需要监督；或在未满18周岁的情况下有超过5个有关自我照顾和自给自足行为
等级二（中度依赖）	如果由于长期的不利的健康状况，这些人需要日常援助，或在每天超过18个有关自我照顾和自给自足行为情况下需要监督；或在未满18周岁的情况下有超过10个有关自我照顾和自给自足行为

续表

依赖等级	情况描述
等级三（重度依赖）	如果由于长期的不利的健康状况，这些人需要日常援助，或在每天超过 24 个有关自我照顾和自给自足行为情况下需要监督；或在未满 18 周岁的情况下有超过 15 个有关自我照顾和自给自足行为
等级四（完全依赖）	如果由于长期的不利的健康状况，这些人需要日常援助，或在每天超过 30 个有关自我照顾和自给自足行为情况下需要监督；或在未满 18 周岁的情况下有超过 20 个有关自我照顾和自给自足行为

资料来源：Czech, *Social Services Act 2006*, https://www.mpsv.cz/files/clanky/4088/Annex_3_social_services_act.pdf。

（2）确定依赖等级的依据有两个。

第一，当以确定依赖等级为目的而考虑自我照顾能力时，下列行为管理能力应予以评估：①准备食物，②食物加工和分份，③接受食物、遵守饮酒制度，④身体清洗，⑤洗澡或淋浴，⑥注意口腔、头发和指甲，刮胡子，⑦生理需要的锻炼，包括卫生，⑧起床、躺下和变换姿势，⑨坐姿和能够保持坐姿，⑩站立和保持站立的能力，⑪移动日常用品，⑫在平坦的地面上行走，⑬上下楼梯，⑭选择服装和识别其适当的遮盖，⑮穿衣服、脱衣服、穿鞋、脱鞋，⑯在自然环境中的定位，⑰自己进行简单的医疗/着装，⑱遵守医疗制度。

第二，当以确定依赖等级为目的而考虑自我满足能力时，下列行为管理能力应予以评估：①口头、书面和非口头交流，②关于其他自然人和时间的定位，以及该人自然环境之外的定位，③处理金钱和其他贵重物品，④安排个人事务，⑤时间规划、生活规划，⑥参加与年龄相对应的社会活动，⑦确保食品和日常用品（购物），⑧烹饪、加热简单膳食，⑨洗碗，⑩普通家庭清洁，⑪护理亚麻/内衣，⑫清洗小亚麻布，⑬料理床铺，⑭操作普通家用电器，⑮使用开关和水龙头进行操作，⑯操作锁，打开和关闭门窗，⑰保持家庭整洁和处理垃圾，⑱其他与家庭经营、维护有关的简单行为。

(3) 津贴数额（见表9-3）。

表9-3 捷克社会服务法规定的津贴数额

单位：捷克克朗

每公历月向未满18周岁的人提供的津贴数额	
等级一（轻度依赖）	3000
等级二（中度依赖）	5000
等级三（重度依赖）	9000
等级四（完全依赖）	11000
每公历月向年满18周岁的人提供的津贴数额	
等级一（轻度依赖）	2000
等级二（中度依赖）	4000
等级三（重度依赖）	8000
等级四（完全依赖）	11000

资料来源：Czech, *Social Services Act 2006*, https://www.mpsv.cz/files/clanky/4088/Annex_3_social_services_act.pdf。

从以上五个国家的典型经验来看，不管是实行全民福利的丹麦和瑞典，还是实行自由市场福利体制/混合福利体制的英国和美国等国家，还是像捷克这样的后发福利国家，为社会服务对象提供服务之前，都要对社会服务申请者的资格进行认定，尽管资格认定的方式有相同的地方，也有不同的地方。其中英国和美国对低收入者的经济调查、英国的资格认定程序、捷克的资格认定与津贴标准相联系等做法，都是值得我们学习和借鉴的。当然，北欧国家的普遍福利模式也是我们努力奋斗的参照目标。

第二节 中国香港和澳门社会服务对象资格认定

一 香港

经过长期的实践，香港社会服务已经形成了完整的和机制健全的服务对象资格认定和申请程序。除了青少年服务大类中的学校社会工作服务、边缘青少年服务、为吸毒人士提供的服务，违法者服务大类，社区发展服务大类外，其他社会服务都有明确的资格认定和申请程序（见表9-4）。概括起来，香港有三点值得学习和借鉴。第一，根据不同服务类别和项目的特性来制定不同的资格认定办法和申请手续。如家庭和儿童福利服务，由于各个项目的异质性大，资格认定办法和申请手续分项目制定。而针对老年人的特点，则制定了统一的《安老服务统一评估机制》。第二，强调需求导向，资格认定既有普遍性，也有选择性。第三，本着以民为本的原则，以人性化服务为导向，社会福利署通过宣传册、官方网站等渠道向社会公布受理资格认定和申请的单位/电话、受理程序等信息，方便及时和就近申请。

表9-4 香港部分社会服务对象资格认定和申请程序

服务大类	服务项目	资格认定/服务对象	申请手续
家庭和儿童福利服务	家务指导服务	接受综合家庭服务的个人或家庭	由社工负责转介。其他有需要的人士/家庭，亦可以到社会福利署及非政府机构各综合家庭服务中心/综合服务中心查询
	保护家庭及儿童服务	（1）虐待配偶/同居情侣及虐待儿童问题的家庭； （2）有监护儿童问题的家庭	（1）直接联络保护家庭及儿童服务课接受有关服务，亦可通过社会福利署其他办事处、非政府机构或其他政府部门转介； （2）受管养或监护争议影响的家庭及儿童，或受儿童拐带影响的个案须经由法庭、律政司或其他有关机构按法例转介
	幼儿照顾服务	因工作或其他原因而暂时未能照顾子女的父母	家长可于开放时间内向幼儿中心申请各项幼儿服务
	家庭危机支援中心	不论年龄、性别和种族，所有因面对家庭危机困扰而寻求协助的家庭成员	任何人士如需要上述服务，可致电明爱向晴热线18288或社署热线23432255，亦可向就近的综合家庭服务中心/综合服务中心查询
	危机介入及支援中心	不论年龄、性别和种族，性暴力受害人或面临家庭暴力或其他家庭危机而需支援的个人或家庭	任何有需要的个人或家庭，可致电18281芷若园24小时热线

续表

服务大类	服务项目	资格认定/服务对象	申请手续
家庭和儿童福利服务	寄养服务	18岁以下因遇到突发或紧急事故缺乏父母照顾的儿童	综合家庭服务中心、医务社会服务部或其他社会服务单位安排评估及转介
	妇女庇护中心	任何妇女，无论有子女与否，如面对家庭暴力或家庭危机	五间临时庇护中心均接受社工及警方的转介。有需要的人士可向社会福利署各提供个案服务的单位申请
	露宿者服务	露宿者	露宿者可与露宿者综合服务队或就近的综合家庭服务中心/综合服务中心联络
	性暴力受害人士服务	遭受性暴力侵犯的人士（不论性别）	有需要人士可致电芷若园24小时热线
	自杀危机处理中心	有强烈或中度自杀倾向人士	任何人士如需要上述服务，请与自杀危机处理中心联络
	临时收容中心/市区单身人士宿舍	露宿者、床位住客及无家可归的人，特别是年长、弱能或健康欠佳的人士	申请人可通过社工转介入住
	领养服务	父母双亡、被父母遗弃、非婚生其父母无力抚养的儿童	有关"是最适合的领养人士"及领养程序，可参考"领养儿童，爱乐融融"宣传单张
	儿童住宿照顾服务	21岁以下，因种种因素，暂时未能得到适当照顾的儿童及青少年	所有申请可经由负责个案的社会工作人员，通过有关转介系统转介
	家庭暴力受害人支援计划	由社会福利署所有提供个案服务的单位及非政府机构的综合家庭服务中心/综合服务中心转介的虐待配偶/同居情侣及虐待儿童个案的受害人及其家庭成员（不论性别）	翠林中心接受个案社工转介。有需要的人士可向社会福利署保护家庭及儿童服务课/综合家庭服务中心/医务社会服务部、感化办事处等及非政府机构各综合家庭服务中心/综合服务中心寻求协助
医务社会服务	医务社会服务	病人及其家属	（1）病人及其家属可直接向驻公立医院或专科诊所的医务社会服务部申请；（2）医院或诊所的医疗人员、其他政府部门、福利机构或市民，亦可转介申请
康复服务	康复服务转介系统	各类残疾人士	可经由各医务社会服务部、综合家庭服务中心、特殊学校或康复服务的社会工作者转介
	残疾人士住宿服务	各类残疾人士	残疾人士住宿服务评估机制

续表

服务大类	服务项目	资格认定/服务对象	申请手续
安老服务	所有安老院舍照顾服务项目	老年人	安老服务统一评估机制,适用于申请安老院、护理安老院、护养院、长者日间护理中心、改善家居及社区照顾服务及综合家居照顾服务内的伤残及体弱个案
青少年服务	儿童及青年中心和综合青少年服务中心	6~24岁的儿童及青年	市民可直接前往各中心查询及申请参加各项活动
青少年服务	课余托管服务	6~12岁的儿童	(1)可直接向提供课余托管收费减免的服务单位申请,有关服务单位会根据申请人的家庭经济状况而决定批核减免与否 (2)可经由社署或非政府机构的社工转介需要豁免或减费的人士到营办课余托管服务中心

资料来源:根据香港社会福利署官方网站资料整理。

二 澳门

与香港一样,澳门社会服务已经形成了完备的,甚至比香港更为细致周全的六大类服务对象资格认定程序(见表9-5)。概括起来,除了与香港一样有三点值得学习和借鉴外,还有一点值得强调,就是与捷克一样,澳门把服务对象资格认定与津贴联系起来(见表9-6),加上各种服务项目的使用费用(免费或缴费,第十章将论述),就把整个社会服务供给制度中的各个环节有机地衔接起来,保障社会服务供给运转更顺畅,效率更高,效果更佳。

表9-5 澳门部分社会服务对象资格认定和申请程序

服务大类	服务项目	资格认定/服务对象	申请手续/条件/法律依据/其他
个人及家庭服务	护理辅助	(1)家庭总收入低于最低维生指数; (2)将或已成为本局一般援助金的受益人;	

续表

服务大类	服务项目	资格认定/服务对象	申请手续/条件/法律依据/其他
个人及家庭服务	护理辅助	（3）经确定长期患有精神病、中重度贫血、恶性肿瘤、糖尿病及其合并症病患、重要器官功能不全、播散性红斑狼疮、结核病（在治疗中）和需要进食流质食物、造口病患，或因疾病以致长期卧床，又未在公立或受政府资助的院舍，或卫生局辖下的医疗机构接受住院照顾或住院治疗的患者	（1）申请人及家庭成员的澳门居民身份证影印本； （2）家庭成员的有效入息证明（近3个月）； （3）现居所的水费单、电费单、屋租/楼宇按揭及其他开支的证明文件； （4）申请人及家庭成员的银行存折簿正本； （5）商、物业登记资料
	残疾补助	（1）家庭总收入低于最低维生指数； （2）将或已成为本局一般援助金的受益人； （3）及属智障、双目严重弱视、听觉严重受损、严重肢体伤残、因残疾以致长期卧床、全身或半身瘫痪，并未在公立或受政府资助的院舍，或卫生局辖下的医疗机构接受住院照顾或住院治疗的残疾人士	
	个人/家庭辅导服务	处于生活的困境，需接受辅导及生活信息提供等服务的个人或家庭成员	
	防治家庭暴力服务	家庭暴力受害者	《处理家庭暴力个案程序指引》 附录1：第8/2005号法律《个人资料保护法》； 附录2：公共及私人实体通报怀疑家庭暴力个案流程图； 附录3：怀疑家庭暴力个案通报表； 附录4："支持家庭暴力受害人"服务单张； 附录5：怀疑家暴儿童个案社会背景调查搜集资料表； 附录6：家暴配偶个案受害人情况评估； 附录7：施暴者的类别及其特征的比较； 附录8："家暴儿童个案"危机评估清单； 附录9："家暴长者个案"危机评估清单

第九章 社会服务资格认定制度创设

续表

服务大类	服务项目	资格认定/服务对象	申请手续/条件/法律依据/其他
儿童及青少年服务	收养服务	收养的一般要件： （1）收养会对待被收养人带来实际好处； （2）收养乃基于正当理由； （3）收养不会使收养申请人的其他子女或待被收养人的子女有不公平的牺牲； （4）能合理推测收养申请人与待被收养人之间能建立一种类似亲子关系的联系； （5）待被收养人应已由收养申请人照顾一段足以评估设定收养关系是否适宜所需时间	（1）收养社会工作局安排配对儿童； （2）收养配偶子女/特定未成年人； （3）澳门特区居民中的中国公民前往内地收养子女； （4）外地居民收养澳门儿童
	寄养服务	成为寄养父母的基本条件： （1）居澳年期超过5年或以上且持有澳门居民身份证； （2）年龄介乎于25~65岁； （3）夫妇已办理结婚登记逾3年或以上； （4）无刑事犯罪记录； （5）需具小学毕业程度或以上； （6）家庭经济状况稳定，有独立的生计来源维持家庭成员的日常生活； （7）夫妇任一方要有固定的工作及收入，另一方为全职的家庭照顾者或可在儿童上学时及儿童正常不在家的情况下从事每星期不多于25小时的兼职，又或为双职的夫妇，但经评估具有足够而合适照顾支持的家庭； （8）喜爱儿童及有照顾儿童的经验和能力； （9）能为儿童提供整洁、安全的居住环境； （10）乐意与社工及寄养儿童的家人合作； （11）健康良好、无传染性疾病	成为寄养父母流程图： 电话查询/递交回条 ↓ 接受电话甄选 ↓ 出席座谈会 ↓ 呈交申请表 ↓ 家庭评估 ↓ 培训 ↓ 寄养父母名册 ↓ 配对儿童入住寄养家庭

续表

服务大类	服务项目	资格认定/服务对象	申请手续/条件/法律依据/其他
儿童及青少年服务	儿童及青少年院舍/托儿所转介服务	（1）院舍：因家庭问题没法得到正常家庭照顾，需要入住社会工作局所资助的儿童及青少年院舍的儿童及青少年； （2）托儿所：经社会工作局评估为处于弱势或危机之中的家庭，以致缺乏照顾支持的幼儿，尤其是残疾人士家庭、单亲家庭和长期病患家庭的幼儿；同时，幼儿家庭的总收入在扣除住房开支后，低于按家庭人数计算最低维生指数的2倍	申请人须向所属区份的社会工作中心提出申请，并递交： （1）申请人及家庭成员的澳门居民身份证影印本； （2）家庭成员的入息证明； （3）现居所的水费单、电费单、屋租/楼宇按揭及其他开支的证明文件； （4）其他与申请个案相关的文件
	社区支持计划	年满12岁尚未满16岁，首次于本地区作出被法律定为"犯罪"或"轻微违反"的事实，经警方警诫后同意接受小区支持计划的青少年	《违法青少年教育监管制度》
康复服务	跨专业的综合评估服务	因肢体、视觉、听觉、智能、语言残疾或精神病患等而引发障碍的残疾人士	（1）院舍服务申请者请参阅《残疾人士院舍转介服务》； （2）日间服务申请者请参阅《康复中心转介服务》
	残疾人士院舍转介服务	因残障或精神病患而缺乏自理能力，并且需要入住社会工作局所资助的残疾人士院舍的个人或家庭成员	（1）申请人及家庭成员的澳门居民身份证影印本； （2）家庭成员的入息证明； （3）现居所的水费单、电费单、屋租/楼宇按揭及其他开支的证明文件； （4）由卫生局或镜湖医院签发的医生证明（若为精神状况证明需由仁伯爵综合医院精神科发出）； （5）其他与申请个案相关的文件
	康复中心转介服务	因残障或精神病患而需要学习生活自理能力和职业训练的个人或家庭成员，并且需要获得社会工作局所资助的残疾人士康复中心提供的服务	（1）填妥的《日间康复服务配置申请表》； （2）或登入下列网址作网上申请：由服务使用者申请；由设施转介；申请人及家庭成员的澳门居民身份证影印本；由卫生局或镜湖医院签

续表

服务大类	服务项目	资格认定/服务对象	申请手续/条件/法律依据/其他
康复服务	康复中心转介服务		发的医生证明（若为精神状况证明需由仁伯爵综合医院精神科发出）；其他与申请个案相关的文件
	儿童综合评估中心服务	6岁或以下，在发展上有疑似障碍者，例如：整体发展障碍、智力障碍、感官障碍（听力障碍、视力障碍）、肢体障碍、肌病、脑麻痹、自闭症、语言发展障碍、发展性协调不良、专注力不足/过度活跃症、特殊学习障碍、情绪行为障碍、其他发展障碍	通过下列途径转介： （1）所有6岁或以下儿童：前往居住地区所属卫生中心进行初步评估后转介； （2）托儿所在托儿童：可通过所属托儿所向社会工作局通报，再经所属的卫生中心评估后转介； （3）将入学或已入学儿童：可通过教育暨青年局或就读学校向教育暨青年局通报
	短期暂住服务	智障人士，年龄在16岁或以上，适合群体生活，没有传染性疾病	（1）一般情况下，照顾者须在使用服务前两星期至一个月向康复服务住宿设施提出申请，而不同设施申请期会有不同，详情请参阅《短暂住宿设施名单》； （2）如遇紧急或突发情况下，照顾者亦可与相关设施联络，该等设施将因应情况酌情处理。倘未能成功申请服务，则可通过所属的日间康复服务设施向本局做出转介，又或前往本局辖下各社会工作中心提出申请，经由本局人员评估后，将转介至合适的康复住宿设施提供短暂住宿服务
长者服务	长者多元化中心服务	年龄在55岁或以上的长者	（1）申请表； （2）澳门居民身份证的正本和影印本； （3）半寸近照1张； （4）载有正确地址的文件
	安老院舍转介服务	因健康欠佳、身体残疾或认知能力受损，以致不能自我照顾起居，经社会工作局评估为符合使用院舍服务之人士	（1）申请人的澳门居民身份证影印本； （2）医生证明文件影印本； （3）地址单影印本

续表

服务大类	服务项目	资格认定/服务对象	申请手续/条件/法律依据/其他
长者服务	日间护理中心转介服务	因身体机能缺损（卧床者除外）或认知能力受损以致不能自我照顾起居，经社会工作局评估为符合使用日间护理服务之人士	
防治药物依赖服务	戒毒康复服务	有意要求自愿戒毒治疗及康复服务的药物依赖者及其家人	（1）电话或亲临查询，即时回应；（2）新戒毒求助个案，即日安排社工接见，3个工作日内开始治疗计划
社会重返服务	更生服务	被法院判予各项非剥夺自由刑罚或措施的更生人士，包括假释、缓刑、缓刑戒毒、司法恢复、劳动代替罚金、诉讼程序中止等个案及其家人	
社会重返服务	青少年服务	被法院判予"违法青少年教育监管制度"各项措施的青少年，包括社会服务令、遵守行为守则、感化令，以及入住短期宿舍等个案及其家人	《违法青少年教育监管制度》
社会重返服务	专案矫治服务	被法院判予各项非剥夺自由刑罚或措施的更生人士以及违法青少年，其中涉及严重罪行或复杂状况，例如加重杀人案、严重交通伤人案、性犯罪案以及家庭暴力案等	

资料来源：根据澳门社会工作局官方网站资料整理。

表9-6 澳门部分社会服务项目补助标准

单位：澳门元

项目	类型	补助标准
学习活动补助	就读于幼儿园或小学者	每人每月200
学习活动补助	就读于中学者	每人每月400
学习活动补助	就读于大学者	每人每月600
护理补助	在澳门特别行政区无亲属的独居者	每月1000
护理补助	在澳门特别行政区有亲属者	每月800

续表

项目	类型	补助标准
残疾补助	在澳门特别行政区无亲属的独居者	每月 800
	在澳门特别行政区有亲属者	每月 600

注：补助标准为2014年4月1日调整后的金额。
资料来源：根据澳门社会工作局官方网站资料整理。

第三节　中国中央政府社会服务对象资格认定整合与创设

从已有的政策法律法规来看，比较成熟的社会服务对象资格认定/条件主要包括残疾人供养服务和托养服务，未成年人保护服务、矫治服务、收养服务、寄养服务，严重精神障碍患者供养服务，吸毒者的社区戒毒服务和强制戒毒服务，社会救助服务中的特困人员供养服务、农村五保供养服务、生活无着的流浪/乞讨人员提供临时食宿服务、急病救治/协助返回等临时救助服务等，严重欠缺的是老年人社会服务的资格认定/条件。主要的问题是大部分申请程序和评估办法缺少明确的操作性指导意见（见表9-7）。

表9-7　中国中央政府部分社会服务对象资格认定/条件

服务大类	服务项目	资格认定/条件
老年人社会服务	经济困难的高龄失能等老年人养老服务补贴制度	经济困难的高龄、失能等老年人
残疾人社会服务	残疾人供养服务	无劳动能力、无法定扶养人、无生活来源的残疾人
	残疾人托养服务	符合条件的智力、精神和重度肢体残疾人： （1）处于就业年龄段、有托养服务需求的智力残疾人； （2）处于就业年龄段、有托养服务需求且通过专业医疗机构精神科医师风险评估适宜托养的精神残疾人； （3）处于就业年龄段、有托养服务需求的重度肢体残疾人（包括同时存在智力残疾或精神残疾的多重残疾人）

续表

服务大类	服务项目	资格认定/条件
未成年人服务	未成年人家庭/学校/社会/司法保护服务	依据《中华人民共和国未成年人保护法》
	未成年人矫治服务	依据《中华人民共和国预防未成年人犯罪法》
	寄养服务	未满18周岁、监护权在县级以上地方人民政府民政部门的孤儿、查找不到生父母的弃婴和儿童,可以被寄养。寄养者条件: (1) 有儿童福利机构所在地的常住户口和固定住所; (2) 有稳定的经济收入; (3) 家庭成员未患有传染病或者精神疾病,以及其他不利于寄养儿童抚育、成长的疾病; (4) 家庭成员无犯罪记录,无不良生活嗜好,关系和睦,与邻里关系融洽; (5) 主要照料人的年龄在30周岁以上65周岁以下,身体健康,具有照料儿童的能力、经验,初中以上文化程度
	收养服务	不满14周岁的未成年人可以被收养: (1) 丧失父母的孤儿; (2) 查找不到生父母的弃婴和儿童; (3) 生父母有特殊困难无力抚养的子女 收养人应当具备下列条件: (1) 无子女; (2) 有抚养教育被收养人的能力; (3) 未患有在医学上认为不应当收养子女的疾病; (4) 年满30周岁
精神健康服务	严重精神障碍患者供养服务	属于农村五保供养对象的严重精神障碍患者,以及城市中无劳动能力、无生活来源且无法定赡养、抚养、扶养义务人,或者其法定赡养、抚养、扶养义务人无赡养、抚养、扶养能力的严重精神障碍患者
戒毒服务	社区戒毒服务	(1) 吸毒成瘾的认定办法,由国务院卫生行政部门、药品监督管理部门、公安部门规定; (2) 戒毒人员应当在户籍所在地接受社区戒毒;在户籍所在地以外的现居住地有固定住所的,可以在现居住地接受社区戒毒
	强制戒毒服务	(1) 拒绝接受社区戒毒的; (2) 在社区戒毒期间吸食、注射毒品的; (3) 严重违反社区戒毒协议的; (4) 经社区戒毒、强制隔离戒毒后再次吸食、注射毒品的

续表

服务大类	服务项目	资格认定/条件
社会救助服务	特困人员供养服务	(1) 国家对无劳动能力、无生活来源且无法定赡养、抚养、扶养义务人，或者其法定赡养、抚养、扶养义务人无赡养、抚养、扶养能力的老年人、残疾人以及未满16周岁的未成年人，给予特困人员供养； (2) 申请特困人员供养，由本人向户籍所在地的乡镇人民政府、街道办事处提出书面申请；本人申请有困难的，可以委托村民委员会、居民委员会代为提出申请
	农村五保供养服务	(1) 老年、残疾或者未满16周岁的村民，无劳动能力、无生活来源又无法定赡养、抚养、扶养义务人，或者其法定赡养、抚养、扶养义务人无赡养、抚养、扶养能力的，享受农村五保供养待遇； (2) 享受农村五保供养待遇，应当由村民本人向村民委员会提出申请；因年幼或者智力残疾无法表达意愿的，由村民小组或者其他村民代为提出申请。经村民委员会民主评议，对符合规定条件的，在本村范围内公告；无重大异议的，由村民委员会将评议意见和有关材料报送乡、民族乡、镇人民政府审核
	为生活无着的流浪、乞讨人员提供临时食宿、急病救治、协助返回等临时救助服务	依据《社会救助暂行办法》

资料来源：根据表7-9所列政策法律法规整理。

不过，许多地方的实践为中央政府创设和完善社会服务资格认定制度提供了新鲜的经验。以上海市养老服务为例，2018年上海市出台了《上海市老年照护统一需求评估办理流程和协议管理实施细则（试行）》，对老年人照顾的评估工具和评估标准、初次评估流程、复核和终核评估、期末评估、状态评估、评估费用等做出明确规定，并提供了《长期护理保险护理需求评估报告》和《长期护理保险护理需求评估结果告知书》两个参考样张，可操作性很强。与此相配套，上海市还出台了《关于进一步调整本市养老服务补贴政策的通知》，该文件与捷克和我国澳门特别行政区的等级认定/津贴有异曲同工之效。上海市的经验值得中央政府参考和推广（见表9-8）。

表 9-8 上海市养老服务补贴标准

等级	对象	补助标准
照护一级的困难对象	最低生活保障家庭的老年人	每人每月补贴 750 元
	低收入家庭的老年人	每人每月补贴 600 元
	年满 80 周岁且本人月收入低于上年度城镇企业月平均养老金的老年人	每人每月补贴 375 元
	上述第 2、3 类对象中，无子女的老年人或年满 90 周岁的老年人	再增加第 1 类对象标准的 20%
照护二级至四级的困难对象	最低生活保障家庭的老年人	每人每月补贴 700 元
	低收入家庭的老年人	每人每月补贴 500 元
照护五级至六级的困难对象	最低生活保障家庭的老年人	每人每月补贴 500 元
	低收入家庭的老年人	每人每月补贴 300 元

资料来源：《上海市关于进一步调整本市养老服务补贴政策的通知》（沪民规〔2018〕1 号），http://www.shmzj.gov.cn/gb/shmzj/node687/u1ai45429.html。

总　结

社会服务资格认定制度是保证基本社会服务制度得以贯彻落实的重要环节，也是连接社会服务行政制度和社会服务供给制度的重要环节。通俗地讲，资格认定就是为获得社会服务设立一道门槛，保证服务能用到合适的对象上。作为社会服务供给制度创设的首个环节，未来资格认定/申请手续制度的完善工作在学习和借鉴国内外经验的基础上需要从四点着手。第一，中央层面的社会服务政策要整合已有的资格认定办法，同时增加缺少的资格认定办法，形成一个有体系的和较为完整的社会服务资格认定办法，并从经济状况和需求两个方面确定参考指标。第二，针对不同的服务对象和服务项目编制不同的资格认定办法。第三，编制可操作性的申请手续/流程参考模本。第四，将资格认定/申请程序与服务津贴有机结合起来。

第十章　社会服务设施布局和服务项目供给优化与整合

如果说社会服务行政主管机构是保障社会服务运行的指挥系统，那么社会服务设施和项目则是实现社会服务目的的具体举措。社会服务设施和项目是社会服务的实质性内容，因此，必须按照社会服务的政策属性、政策体制的核心要素以及政策治理的要求来整合、充实和规划。

第一节　外国社会服务设施布局和服务项目供给

一　英国

1. 主要的照料服务设施

（1）到 2017 年 3 月 31 日，英国所有类型的儿童福利机构（Children's Home）和所有儿童福利机构的登记场所（地点）分别有 2145 个和 11664 个，其中儿童福利院分别有 2050 个和 9124 个，寄宿式特殊学校分别有 81 个和 2302 个，保护性儿童福利院分别有 14 个和 238 个。2145 个儿童福利机构中属于地方政府的有 434 个，以营利为目的的私人机构经营的有 1538 个，以非营利为导向的登记的志愿组织经营的有164个,卫生部门经营的有9个(King,2017)(见表10-1和表10-2)。经核准的儿童寄养场所共有83930个,经核准的寄养家庭有43710户(King,2018)。经核准的儿童收养家庭从2012年3月31日的4263户增加到2013年3月31日的5011户(King,2014)。

表10-1 英国分地区儿童福利院数量和登记场所(地点)数量

地区	儿童福利院数量(个)	登记场所(地点)数量(个)
东北部	126	653
西北部	489	1855
约克郡和休伯	178	883
东米德兰兹	185	861
西米德兰兹	356	1328
东部	160	798
伦敦	117	687
东南部	269	1434
西南部	170	625
总计	2050	9124

资料来源:King(2017)。

表10-2 英国分地区儿童福利院床位数

单位:张,个

地区	床位数					总计
	1	2	3~4	5~6	7~9	10及以上	
东北部	5	3	46	49	19	4	126
西北部	57	79	192	132	25	4	489
约克郡和休伯	7	17	59	63	24	8	178
东米德兰兹	4	13	86	55	20	7	185
西米德兰兹	16	72	185	64	13	6	356
东部	2	4	80	53	16	5	160
伦敦	0	1	38	48	19	11	117

续表

地区	床位数						总计
	1	2	3~4	5~6	7~9	10及以上	
东南部	2	22	107	79	41	18	269
西南部	18	34	74	33	9	2	170
总计	111	245	867	576	186	65	2050

资料来源：King（2017）。

（2）到2014年3月1日，英国居家照料服务机构达到8219个，比2010年增加了42%；护理院达到4698个，比2010年增加了7%；提供膳宿的照料院舍有12379个，比2010年减少了10%（CQC，2015）。这反映出英国政府削减公共开支、社会服务现代化（DH，1998）、去机构化、鼓励社区服务和居家服务的意向和行动。但护理院数量的增加可能主要是由于痴呆老人等不能自我/家庭照料的残疾人数增加引起的。

2. 服务项目

英国《地方当局社会服务法1970》从儿童和成年人两个人群确定社会服务项目。根据社会服务职责，社会服务项目还可以进一步分为照料项目和保护项目（见表10-3）。英国社会服务法确定的社会服务项目，在国际社会服务领域产生的深远影响，成为许多国家和地区效仿和参照的模板。其他国家和地区在此基础上进一步细化，或者进一步聚焦，或适当增加个别项目，但基本面没有变。

表10-3 英国主要的社会服务项目

人群	项目	具体内容
儿童和未成年人、家庭	为5岁及以下的学前儿童提供日间照料服务	
	儿童照料和日间照料	为8岁以下儿童提供除了家庭场所之外的照料

续表

人群	项目	具体内容
儿童和未成年人、家庭	为任何有需求的儿童提供膳宿	(1) 当儿童没有家长照看，走失或被遗弃；当照料儿童的人被阻止向儿童提供适当的膳宿或照料服务，那么应当提供膳宿服务； (2) 如果不提供膳宿，年龄达到 16 岁的少年的福利可能受到损害，那么应当提供膳宿服务； (3) 应当为治安防护，或拘留，或在押候审的儿童提供膳宿服务
	儿童福利院的儿童福利	指 16 岁以下、被照料和被提供膳宿的儿童
	为有需求的学龄儿童提供课外或学年假期的日间照料服务或监督活动服务	
	儿童私人寄养服务	
	儿童收养服务	
	为残疾儿童，或健康和成长受损儿童提供服务	
	未成年人的保护	儿童出庭受审前所需要的照料、保护或控制，交付给少年犯教养院、拘留所的儿童或合适人员的照料
	儿童保护	(1) 根据对儿童的健康或发展，或被对待的方式的评估，申请人判断儿童是否正遭受痛苦，或可能遭受痛苦，并受到明显伤害； (2) 地方政府或授权人要为儿童提供紧急保护； (3) 地方政府要为被拐卖儿童提供照料； (4) 地方政府要为处于风险中儿童提供庇护
成年人	老年人社会服务	(1) 为老年人提供膳食和娱乐服务； (2) 提供与服务有关的旅行设施和援助； (3) 帮助老年人寻找合适的住房； (4) 提供探视和咨询服务； (5) 提供方便居家生活的设施援助、巡视援助、住所照料、疗养院、日间照料中心、午餐俱乐部等
	残疾人社会服务	(1) 为残疾人提供庇护性就业服务，向残疾人提供能够在特殊条件下就业和工作的设施； (2) 为盲、聋、哑或其他残障者提供福利服务； (3) 为躯体残疾人提供社区服务。服务项目包括居家援助、娱乐设施、膳食服务、通信和交通服务、其他服务设施等； (4) 为躯体残疾人提供寄宿服务，包括送餐服务、康复服务、日间照料中心和社会俱乐部、交通服务、假日服务等； (5) 为躯体残疾人提供膳宿等住宅服务

续表

人群	项目	具体内容
成年人	无家可归者社会服务	提供给无家可归者和面临无家可归威胁的人的服务
	存在精神健康问题者社会服务	（1）精神错乱者的福利和膳宿； （2）精神病人的社会服务，达到16岁的患有精神疾病的人可以获得监护；通过监护，病人可以获得必要的福利待遇和其他人的保护
	寄宿服务	为老年人、体弱者、穷人等提供寄宿的膳宿服务
	病人社会服务	某些住院病人的福利和病后护理
	药物滥用者、酗酒者和吸毒者	（1）戒毒服务； （2）戒酒服务； （3）防治成瘾服务
	脆弱成年人的保护	（1）在护理院接受膳宿和护理，或个人照料的成年人； （2）由寄宿照料机构安排、在自己家中接受个人照料的成年人； （3）由独立医院、独立诊所、独立医疗机构或国民健康服务团体提供限定服务的成年人； （4）按照协议，由个人（不是他的亲戚）提供的支持、照料或膳宿的成年人
	社区照料服务计划	包括评估社区照料服务需求，向获得社区照料服务的人支付费用，使可能需要社区照料的住院病人能够获得社区照料等
	向照料者提供服务	包括评估照料者提供照料的能力，直接向长期提供社区/家庭照料的人支付费用，或向照料者提供服务

资料来源：根据英国 *Local Authority Social Services Act* 1970 整理。

二 美国

1. 主要设施、提供者和机构

笔者虽然没有找到美国社会服务设施完整的统计数据，但从以下几组关键数据可以看出，美国社会服务设施非常完备。

（1）美国教会慈善事业发达，50%的美国社会服务设施由天主教堂管辖的超过2500个地方慈善机构提供，每年有上百万人受益，成为美国社会安全网关键组成部分（Jacobson，2013）。

（2）CDC（2016）统计报告表明，美国 2014 年有 4800 个（7.2%）成年人日间服务中心（Adult Day Services Centers）、12400 个（18.5%）家庭健康机构（Home Health Agencies）、4000 个（6.0%）临终关怀（Hospices）、15600 个（23.3%）护理院（Nursing Homes）、30200 个（45.1%）寄宿照料社区（Residential Care Communities）（见表 10-4 和表 10-5）。CMS（2015）报告统计的护理院为 15640 个（与 CDC 统计口径有差别），其中政府经营的 971 个、非营利的 3756 个、营利的 10913 个。床位数在 199 张以上的有 946 个，100~199 张床位的 6899 个，50~99 张床位的 5773 个，少于 50 张床位的 2022 个。

表 10-4 美国 2014 年分设施/机构分地区长期照料服务提供者的占比

单位：%

设施/机构	西部	南部	中西部	东北部
成年人日间服务中心	30.3	33.0	17.0	19.8
家庭健康机构	17.3	46.6	28.0	8.1
临终关怀	24.8	41.2	22.8	11.3
护理院	15.5	34.7	32.9	16.9
寄宿照料社区	42.0	28.0	21.8	8.2

资料来源：CDC（2016）。
注：由于四舍五入，百分比加总可能不会到 100；百分比基于未舍入的数字。

表 10-5 美国 2014 年分设施/机构分类型长期照料服务提供者的占比

单位：%

设施/机构	营利	非营利	政府和其他
成年人日间服务中心	44.2	50.5	5.4
家庭健康机构	80.0	15.0	5.0
临终关怀	60.2	25.9	13.9
护理院	69.8	24.1	6.1
寄宿照料社区	81.8	16.9	1.4

资料来源：CDC（2016）。
注：由于四舍五入，百分比加总可能不会到 100；百分比基于未舍入的数字。

(3) 受到儿童照料发展基金 (Child Care Development Fund) 资助的儿童照料提供者(机构)数量见表10-6。

表10-6 美国2016年受到CCDF资助的儿童照料提供者(机构)数量

单位：个

州/区	儿童福利院 (Children's Home)	家庭院舍 (Family Home)	集体院舍 (Group Home)	中心	总计
阿拉巴马	14	423	137	1380	1954
阿拉斯加	121	411	72	205	809
美属萨摩亚	0	0	1	24	25
亚利桑那	329	1101	190	1179	2799
阿肯色	0	120	0	714	834
加利福尼亚	329	32957	5576	4555	43417
科罗拉多	74	800	0	1241	2115
康涅狄格	2517	3714	23	1426	7680
特拉华	0	419	60	379	858
哥伦比亚特区	4	58	0	232	294
佛罗里达	0	1926	0	6744	8670
佐治亚	114	1331	6	3002	4453
关岛	4	1	1	56	62
夏威夷	2793	1331	7	219	4350
爱达荷	11	201	201	420	833
伊利诺斯	12518	24096	380	3217	40211
印第安纳	5	2381	0	1178	3564
艾奥瓦	244	2920	319	917	4400
堪萨斯	186	601	1694	703	3184
肯塔基	67	343	55	1384	1849
路易斯安那	51	358	0	1347	1756
缅因	29	663	0	397	1089
马里兰	343	2333	0	1343	4019
马萨诸塞	256	609	2823	2098	5786
密歇根	2359	3528	1135	1971	8993
明尼苏达	65	3422	0	1644	5131

续表

州/区	儿童福利院 (Children's Home)	家庭院舍 (Family Home)	集体院舍 (Group Home)	中心	总计
密西西比	127	342	9	1030	1508
密苏里	295	3278	111	2210	5894
蒙大拿	42	377	371	238	1028
内布拉斯加	0	1677	258	669	2604
内华达	576	817	16	563	1972
新罕布什尔	61	308	0	735	1104
新泽西	186	2356	0	2424	4966
新墨西哥	0	1167	73	582	1822
纽约	13865	16453	7146	4200	41664
北卡罗来纳	0	1327	0	3473	4800
北达科他	0	640	587	168	1395
北马里亚纳群岛	0	7	1	11	19
俄亥俄	6	4163	325	5785	10279
俄克拉荷马	32	820	0	1098	1950
俄勒冈	1347	3784	394	557	6082
宾夕法尼亚	100	9845	659	4526	15130
波多黎各	9	1981	0	379	2369
罗德岛	2	479	3	333	817
南卡罗来纳	35	526	192	993	1746
南达科塔	60	990	43	280	1373
田纳西	10	1007	223	1491	2731
得克萨斯	2	1462	695	6062	8221
犹他	174	1183	0	330	1687
佛蒙特	108	978	0	535	1621
维尔京群岛	—	—	—	—	—
弗吉尼亚	0	1506	0	1631	3137
华盛顿	7426	4570	0	1661	13657
西弗吉尼亚	3	1288	114	394	1799
威斯康星	36	1912	0	2411	4359
怀俄明	44	342	97	172	655
总计	46979	151632	23997	82916	305524

资料来源：Office of Child Care (2018)。

（4）2014～2015 财年儿童领先服务（Head Start）机构有 2935 个，其中社区行动机构（CAA）868 个，政府机构 200 个，特许学校 1 个；营利的私有/公共机构 20 个，非营利的私有/公共机构（教堂或非营利医院）1203 个，学校 446 个，政府或财团 192 个（OHS，2015）。

2. 服务项目

美国卫生和人类服务部主管的社会服务涉及 15 个领域（项目），包括无陪伴的外国儿童（Unaccompanied Alien Children）、贫困家庭临时救助（TANF-Temporary Assistance for Needy Families）、补充营养援助项目（SNAP-Supplemental Nutrition Assistance Program）、儿童领先服务（Head Start）、儿童支持强制（Child Support Enforcement）、儿童照料费用支付（Paying for Child Care）、寄养照料（Foster Care）、收养（Adoption）、家庭探视（Home Visiting）、家庭能源援助（LIHEAP-Home Energy Assistance）、残疾人项目（Programs for Persons with Disabilities）、老年人（Programs for Seniors）、无家可归者（Homelessness）、支持军人家庭（Supporting Military Families）、自给自足项目（Self-Sufficiency）。

美国《社会服务固定拨款法案》确定了 29 个服务类别，它的特色在于，第一，每个服务类别包含了一个或多个服务项目。如住宅处理服务（Residential Treatment Services），为存在严重问题，或无法进行居家照料或寄养照料、需要专业化建设提供专业服务的儿童或成年人提供短期的住宅照料或综合的处理服务。服务可以包括诊断和心理评估，戒酒和戒毒服务，个人、家庭和群体治疗和咨询，补救/补充教育，职业或职业前培训，日常生活活动训练，有监督的娱乐和社会活动，个案管理，交通，其他服务的转介和利用等。第二,每个服务类别针对一个或多个人群、家庭或机构。第三,不仅涵盖了社会服务主要项目,还根据美国社会的实际情况和需求,设计了特定的服务项目。如居家送餐服务、集体供餐服务、教育和培训服务、就业服务、怀孕和育儿服务、家庭计划服务、法律服务等(见表10-7)。

表10-7 美国SSBG确定的29个社会服务类别

编号	类别	编号	类别
1	收养服务	16	独立/过渡生活服务
2	个案管理	17	信息和转介服务
3	集体供餐服务	18	法律服务
4	咨询服务	19	青年家长怀孕和育儿服务
5	日间照料服务-成年人	20	预防和干预服务
6	日间照料服务-儿童	21	保护性服务-成年人
7	教育和培训服务	22	保护性服务-儿童
8	就业服务	23	娱乐服务
9	家庭计划服务	24	住宅处理服务
10	寄养照料服务-成年人	25	残疾人/视觉或听觉受损者特殊服务
11	寄养照料服务-儿童	26	存在犯罪风险青少年的特殊服务
12	与健康相关的家庭卫生服务	27	药物滥用服务
13	居家服务	28	交通服务
14	居家送餐服务	29	其他服务
15	住房服务		

资料来源:U. S. Department of Health and Human Services(2015)。

三 捷克和新加坡

1. 捷克

捷克社会服务设施和服务项目的特色体现在四个方面。

(1) 社会服务设施和项目设计充分体现了整合的特点,每个服务设施和服务项目可以同时面向一类或多类服务对象,而不是像一些国家和地区按照服务对象来划分。

(2) 在《社会服务法》中明确规定针对提供社会服务的意图,要建立 18 个社会服务设施,通过将社会服务设施连接起来,可以建立代际的和整合的中心。18 个社会服务设施包括日间服务中心、日间照料中心、周照料中心、残疾人疗养院、老年人养老院、特殊的生活疗养院、保护性住房、收容所、中途旅社、危机救援中心、低临界照料中心、针对儿童和未成年人的低临界设施、旅社(无家可归者避难所)、治疗型社区、社会咨询设施、社会治疗工作室、社会康复服务中心、早期干预服务中心。

(3) 有三种提供社会服务的形式,即固定地点的服务(Stay-in Services)、流动服务(Ambulatory Services)和田野服务(Field Services)。固定地点的服务指在社会服务中包括膳宿的服务;流动服务指在社会服务设施中,给即将到来或被带入特定境地的个人提供的服务,而膳宿不构成服务的一部分;田野服务指在个人所处的自然的、社会的环境中所提供的服务(见表 10-8)。

(4) 要求社会服务提供者应按照相关规定的个人社会服务的类型安排基本社会服务活动。基本社会服务活动应与其他社会服务活动结合起来。基本社会服务活动包括对处理日常自我照顾行为的援助,对个人自我保健及其安排的援助,提供食品及其安排的援助,提供住宿或夜间住宿,对操持家庭的援助,教育、教学和激励活动,社会咨询,调节与社会环境的联系,社会矫治活动,对维权、正当利益和照看个人事务的援助,对危机的电话援助,对促进社会整合的处理,自我照顾、培养自给和其他活动的技能培训,对个人基本工作习惯和技能培养与提高的支持。

表 10-8 捷克社会服务项目、服务形式和费用

类型	服务项目	服务形式	费用
社会咨询	基本社会咨询		免费
	特殊社会咨询		免费
社会照料服务	个人援助	田野服务	分担
	居家照料	田野或流动服务	分担
	应急援助	田野服务	免费
	指导和阅读服务	田野或流动服务	
	支持性住房	田野服务	
	缓解照料（专门帮助那些常年照顾残疾人或者高龄老人的家庭）	流动、田野或固定地点的服务	分担
	日间服务中心	流动服务	
	日间照料中心	流动服务	
	周照料中心	固定地点服务	
	残疾人家园	固定地点服务	
	养老院/敬老院	固定地点服务	
	特殊养生院舍（针对慢性精神障碍患者、物质成瘾、老年痴呆症患者）	固定地点服务	
	保护性住所	流动服务	
	在健康照料居住设施中提供的社会服务	流动、田野或固定地点的服务	
社会预防服务	早期干预服务	田野或可能的流动服务	免费
	危机中的电话援助	田野服务	
	解释性服务	田野或可能的流动服务	
	避难所	固定地点服务	分担
	中途旅社	固定地点服务	
	联络中心	流动或可能的田野服务	
	危机援助	流动、田野或固定地点的服务	
	低门槛日间中心	流动或可能的田野服务	
	低门槛儿童和青年设施	流动或可能的田野服务	
	旅馆（无家可归者庇护所）	流动服务	分担
	后续服务	田野服务	
	子女家庭的社会激活服务	田野或流动服务	

续表

类型	服务项目	服务形式	费用
社会预防服务	老年人和残疾人社会激活服务	田野服务	
	社会治疗工作坊	流动服务	
	治疗社区	固定地点服务	
	扩展项目	田野服务	
	社会康复服务	流动、田野或固定地点的服务	

资料来源：根据捷克 *Social Services Act* 2006 整理。

2. 新加坡

新加坡社会服务为七大类服务用户提供36个服务项目（见表10-9）。新加坡社会服务的特色有五点。

（1）新加坡社会服务发达。社会服务项目统一由新加坡社会服务理事会（NCSS）协调450个作为会员的社会服务组织提供。

（2）项目整合度高。有利于保证资金使用的效率和效果，有利于设施综合利用，有利于项目集中提供。

（3）项目创新性强。社会服务除了传统的项目以外，还创新出一些新颖的项目，如老年人赋权项目、学校社会工作、婚姻家庭服务、自杀干预项目等。

（4）项目时代感强。针对社会发展出现的新社会问题，提供及时的社会服务项目，如"互联网+健康服务"等。

（5）服务项目再分为若干个小项目，项目精细化程度高。

围绕着服务项目，服务设施供给到位，如老年活动中心67个，老年庇护所15个，青少年寄宿家园244个（青年康复中心156个、安全保护中心88个），家庭服务中心46个，儿童照料中心1332个，也提供婴儿照料服务的儿童照料中心471个，幼儿园480个，学生照料中心431个（Singapore Ministry of Social and Family Development，2017）。

表 10-9　新加坡社会服务项目和设施

服务用户	服务项目	服务项目细化
老年人 （7个服务项目）	积极老龄化	信息技术指导
		学习我的方言
		生命点项目
	老年人赋权项目	通过艺术老年人生命回顾
		老年人会话启动工具包
		再坚强！同伴指南
	WiSHIN项目-支持老年丧偶妇女	
	日间中心	日间照料中心
		老年人活动中心
	家庭照料服务和庇护所	家庭个人服务
		餐饮和护送
		庇护所
	痴呆症患者安全返回卡	
	国际老年日	
有特殊需求的 儿童和青少年 （5个服务项目）	残疾儿童家园	
	早期干预和特殊教育	婴儿和儿童早期干预项目（EIPIC）
		发展支持项目（DSP）
		特殊学校
	群体整合服务	辅助技术服务
		群体整合和康复
		学习支持服务
		同伴整合（Buddy'IN）
	其他服务	紧急短信服务（SMS）
		适当的成人服务
		交通选择和补贴
		照料者支持服务
	残疾身份登记卡	

续表

服务用户	服务项目	服务项目细化
成年残疾人 （5 个服务项目）	日间照料和家园	日间照料和家园
		居家照料服务
		日间活动中心
		随时造访残疾人项目
		社区集体家园
		残疾人家园和旅馆
	群体整合	辅助技术服务
		群体整合和康复
		学习支持服务
		我也是！俱乐部
	就业	培训项目
		就业服务
		庇护性工厂
	残疾身份登记卡	
	其他服务	紧急短信服务（SMS）
		适当的成人服务
		交通选择和补贴
		照料者支持服务
儿童和青少年 （5 个服务项目）	学校项目	学校社会工作
		强化递升服务
	社区项目	个案工作和咨询
		对于有精神健康问题的父母给予子女的支持
		发展项目
		学生照料服务
		社会法律支持
		职业和技能服务
	益友和督导服务	
	互联网健康项目	
	对有受监禁（入狱）父母的儿童支持	

续表

服务用户	服务项目	服务项目细化
家庭 (4个服务项目)	家庭支持服务	家庭服务中心
		再婚和重组家庭服务
		涉及未成年人的婚姻
		离婚支持专家机构
		跨国家庭支持中心
	对犯罪前科者和家庭的支持	中途住宅
		个案管理
		自助支持群体
		照料网络
	危机干预	家庭暴力专家机构
		妊娠危机
		过渡性避难所
	咨询服务	
有精神健康 问题的人 (9个服务项目)	同行支持性项目	
	就业	就业实习项目
		就业援助项目
	社区整合	
	精神病患者日间照料和家园	精神病患者日间照料中心
		精神病患者康复家园和旅馆
		阳光关爱家园
	照料者支持服务	照料者支持中心
		个人培训和支持
	自杀干预和管理	
	青年精神健康服务	
	成瘾服务	
	公共教育	
照料者	照料者服务	

资料来源：根据新加坡国家社会服务理事会（NCSS）社会服务业务整理，https://www.ncss.gov.sg/GatewayPages/Social-Services。

第二节 中国香港和澳门社会服务设施布局和服务项目供给

一 香港

1. 主要的照料服务设施

香港社会服务设施健全,香港特区政府不仅提供了必要的设施,而且资助了大批社会办的社会服务机构/设施,还创立了社会福利署转介系统提供的社会福利服务制度,这样就形成了政府主导、全社会关心和参与社会服务的格局(见表10-10、表10-11和表10-12)。

表10-10 2016~2017年度香港社会福利署提供的社会福利服务设施

服务大类	服务设施/项目	服务单位数目	个案数目
为违法者、刑释人士及戒毒康复者提供的服务	感化院舍	1	39
	感化服务	8	1797
	社会调查(感化服务)		4116
	社会服务令计划		974
	社会调查(社会服务令计划)		2619
	羁留服务	1	13
	感化院	1	18
	善后辅导服务		9
	监管释囚计划		480
家庭服务	辅导个案(综合家庭服务中心)	41	24105
	保护家庭及儿童服务课	11	4478
	寄养家庭登记	1	899
	领养	2	237

续表

服务大类	服务设施/项目	服务单位数目	个案数目
家庭服务	受社会福利署署长监护的儿童/受高等法院监护的儿童		615
	露宿者登记		924
	收容所	1	57
	家务指导服务	35	2186
	热线电话服务	1	162467
安老服务	安老院牌照事务处	1	730
	长者卡计划	9927	1769316
医务社会工作服务	医务社会服务部	35	189482
临床心理服务	心理评估个案		2253
	心理治疗新个案		1006
	临床心理学家		44
支援服务	训练课程		601
	出席人数		19392

资料来源：香港社会福利署（2017）。

表10-11 2016~2017年度受香港社会福利署资助的社会福利服务设施

服务大类	服务设施/项目	服务单位数目	个案数目
为违法者、刑释人士及戒毒康复者提供的服务	刑释人士宿舍	6	111
	刑释人士社会服务中心	5	4026
	青年受感化者住宿服务	1	45
	戒毒治疗及康复中心/中途宿舍	12	246
	滥用精神药物者辅导中心	11	2230
	戒毒辅导服务中心	2	261
	法院社工服务	1	192
家庭服务	辅导个案（综合家庭服务中心）	24	16170
	日间幼儿中心	12	738
	住宿幼儿中心	1	191
	儿童院	6	459
	男童院或宿舍	8	579

第十章　社会服务设施布局和服务项目供给优化与整合

续表

服务大类	服务设施/项目	服务单位数目	个案数目
家庭服务	女童院或宿舍	6	233
	儿童之家	108	804
	寄养安排及督导	11	922
	海外领养	1	36
	妇女庇护中心	5	715
	临时收容中心或宿舍	6	61432
	家务指导服务	13	853
	家务生活教育	22	1493
	家庭危机支持中心	1	475
	危机介入及支持中心	1	320
安老服务	长者宿舍	1	2
	安老院	62	361
	护理安老院	121	14234
	护养院	6	1517
	合约院舍	28	2121
	长者活动中心	1	2933
	长者邻舍中心	169	143673
	长者地区中心	41	70242
	长者日间护理中心	73	3464
	家务助理服务	1	79
	综合家居照顾服务	60	18664
	长者支持服务队	41	54565
	改善家居及社区照顾服务	34	7135
医务社会工作服务	医务社会服务部	35	189482
社区发展	社区中心	13	68443
	邻舍层面社区发展计划	17	251425
为青少年提供的服务	儿童中心	5	7129
	青年中心	4	3963
	青少年中心	14	22420
	综合青少年服务中心	138	315779

续表

服务大类	服务设施/项目	服务单位数目	个案数目
为青少年提供的服务	学校社会工作服务	465	15665
	青少年外展服务	19	6584
	青少年深宵外展服务	18	17083
	社区支持服务计划	5	2299
康复服务	幼儿园暨幼儿中心兼收计划	330	1964
	特殊幼儿中心	39	1817
	早期教育及训练中心	46	3101
	住宿特殊幼儿中心	6	102
	儿童之家（轻度弱智儿童）	26	64
	精神健康综合社区中心	24	27019
	中途宿舍	36	1443
	长期护理院	7	1550
	综合职业训练中心	2	399
	残疾人士在职培训计划	14	422
	"阳光路上"培训计划	15	329
	综合职业训练中心（住宿服务）	1	75
	综合职业康复服务中心	27	4642
	展能中心（日间活动中心）	85	5172
	庇护工场	34	5258
	严重残疾人士护理院	21	988
	中度弱智人士宿舍	43	2416
	严重弱智人士宿舍	64	3601
	严重肢体伤残人士宿舍	13	562
	辅助宿舍	26	629
	残疾人士地区支持中心	16	5987
	盲人护理安老院	11	779
	视障人士的康复及训练	2	126
	为视觉受损人士而设的传达及信息服务	1	33109
	听觉受损人士综合服务中心	2	887
	残疾人士社交及康乐中心	16	22475

续表

服务大类	服务设施/项目	服务单位数目	个案数目
康复服务	辅助就业	26	2067
	严重残疾人士家居照顾服务	6	3929
	严重肢体伤残人士综合支持服务	2	982
临床心理服务	心理评估个案		503
	心理治疗新个案		429
	临床心理学家		11

资料来源：香港社会福利署（2017）。

表10-12　2016~2017年度香港社会福利署转介系统提供的社会福利服务设施

服务大类	服务设施/项目	轮候服务个案数目
安老服务（长期护理服务编配系统）	护理安老院	29672
	护养院	6259
康复服务（康复服务转介系统）	早期教育及训练中心	5217
	幼儿园暨幼儿中心兼收计划	2048
	特殊幼儿中心	1790
	住宿特殊幼儿中心	33
	儿童之家（轻度弱智儿童）	88
	中途宿舍	721
	长期护理院	2111
	展能中心	1292
	庇护工场	2864
	严重弱智人士宿舍	2384
	中度弱智人士宿舍	2172
	严重肢体伤残人士宿舍	649
	严重残疾人士护理院	505
	辅助宿舍	1830
	盲人护理安老院	147
	辅助就业	52

资料来源：香港社会福利署（2017）。

2. 服务项目

香港的社会服务项目共有六大类别,每个类别有若干个项目,每个项目再细化为若干小项(见表10-13和表10-14)。香港社会服务的特色有五点。

(1)服务项目全面。香港社会服务项目几乎涵盖了国际上所有的通行项目。由于历史原因,香港社会服务深受英国的影响,但有"青出于蓝胜于蓝"的精神气质。

(2)服务项目细化程度高。如康复服务中的肢体伤残人士服务、弱智人士服务、精神病康复者服务、视觉/听觉受损人士服务。

(3)服务项目整合度高。如康复服务中的社会支持服务和住宿照顾服务适用于多种残疾类型的人士。

(4)有明确的费用标准。对于大部分服务项目是否免费、收费或费用减免都有详细的规定。

(5)针对香港出现的特定社会风问题,设计了符合实际需求的服务项目。如跨境及国际社会服务、学校社会工作服务、共创成长路-赛马会社区青少年培育计划等。

表10-13 香港社会服务项目

服务对象	服务类别	服务项目	费用
家庭及儿童福利服务	慈善信托基金		全免
	社会福利署热线服务		全免
	家务指导服务		全免
	保护家庭及儿童服务	为虐待配偶/同居情侣及虐待儿童问题的家庭所提供的服务	全免
		为有监护儿童问题的家庭提供服务	
	幼儿服务	日间幼儿中心	收费
		幼稚园暨幼儿中心	收费

续表

服务对象	服务类别	服务项目	费用
家庭及儿童福利服务	幼儿服务	幼稚园及幼儿中心学费减免计划	
		暂托幼儿服务	收费
		延长时间服务	收费
		留宿幼儿中心	
		特殊幼儿中心	
		互助幼儿中心	
		邻里支援幼儿照顾计划	收费
	体恤安置及其他房屋援助		全免
	家庭危机支持中心		
	危机介入及支持中心		
	家庭生活教育		
	寄养服务		全免
	综合家庭服务		
	妇女庇护中心		全免
	露宿者服务		全免
	性暴力受害人士服务		全免
	防止自杀服务		
	临时收容中心/市区单身人士宿舍		全免
	支援虐儿、虐待配偶/同居情侣及性暴力个案受害人服务		
	领养服务		
	儿童住宿照顾服务		
	家庭暴力受害人支持计划		全免
	短期食物援助服务计划		全免
	跨境及国际社会服务		全免
	子女探视服务先导计划		全免
临床心理服务	心理治疗		全免
医务社会服务	辅导/转介/康复服务		减免

续表

服务对象	服务类别	服务项目	费用
安老服务	长者社区照顾及支援服务	长者地区中心	
		长者支持服务队	免费/收费
		长者邻舍中心	
		长者活动中心	
		护老者支持服务	收费
		长者度假中心	
		老有所为活动计划	
		长者日间护理中心	
		长者日间暂托服务	收费
		改善家居及社区照顾服务	
		综合家居照顾服务	
		家务助理服务	
		长者社区照顾服务统计总览	
		长者卡计划	
		长者社区照顾服务券试验计划	
		预防及处理虐待长者服务	
		虐待长者问题工作小组	
	安老院舍照顾服务	安老院	收费
		护理安老院	收费
		改善买位计划	收费
		护养院	收费
		护养院宿位买位计划	收费
		合约院舍	收费
		安老院舍照顾服务统计总览	
		安老院名单、牌照及服务信息	
		长者紧急住宿服务	
		长者住宿暂托服务	收费
		广东院舍住宿照顾服务试验计划	
		长者院舍住宿照顾服务券试验计划	
		其他支持方法	

续表

服务对象	服务类别	服务项目	费用
安老服务	安老院舍照顾服务	鼓励在新私人发展物业内提供安老院舍院址计划	
青少年服务	中心服务	儿童及青年中心	收费
		综合青少年服务中心	收费
	课余托管服务		低收入家庭收费减免
	学校社会工作服务		
	边缘青少年服务	地区青少年外展社会工作服务	
		青少年深宵外展服务	
		社区支持服务计划	
		青年热线服务	
		为接受警司警诫的青少年召开家庭会议	
		边缘青少年服务委员会	
		边缘青少年危机住宿服务	
		夜青后援住宿服务	
	为吸毒人士提供的服务	为吸毒人士提供的服务	
		住院戒毒治疗及康复服务	
		滥用精神药物者辅导中心	
		戒毒辅导服务中心	
	共创成长路－赛马会社区青少年培育计划		
违法者服务	社区层面	感化服务	
		社会服务令计划	
		青少年罪犯评估项目小组	
		监管释囚计划	
		曾违法者及刑释人士服务，包括在囚人士服务、社会服务中心服务、宿舍服务、职业发展服务、康乐服务、法院社工服务、预防犯罪服务及社区教育服务、精神康复服务	

续表

服务对象	服务类别	服务项目	费用
违法者服务	感化/住宿院舍	受感化青少年及高危青少年住宿服务	

资料来源：根据香港社会福利署网站资料整理。

表10–14　香港康复服务项目

服务类别	服务项目	细化项目	费用
学前儿童康复服务	早期教育及训练中心		收费
	幼稚园暨幼儿中心兼收计划		收费
	特殊幼儿中心		免费
	设有住宿服务的特殊幼儿中心		免费
	残疾幼儿暂托服务		收费
到校学前康复服务试验计划			
为轮候资助学前康复服务的儿童提供学习训练津贴			
残疾学龄儿童服务	轻度弱智儿童之家/兼收轻度弱智儿童的儿童之家		免费
	住宿暂顾服务		收费
肢体伤残人士服务	日间训练或职业康复服务	庇护工场	
		辅助就业	
		综合职业康复服务中心	
		综合职业训练中心－日间服务	
		残疾人士在职培训计划	
		创业展才能计划	
		"阳光路上"培训计划	
		职业康复延展计划	免费
	住宿服务	四肢瘫痪病人过渡期护理支持中心	收费
		严重残疾人士护理院	收费
		严重肢体伤残人士宿舍	收费

续表

服务类别	服务项目	细化项目	费用
肢体伤残人士服务	住宿服务	严重肢体伤残兼弱智人士宿舍	收费
		辅助宿舍	收费
		综合职业训练中心－住宿服务	收费
	社区支持服务	残疾人士地区支持中心	收费
		严重残疾人士家居照顾服务	收费
		严重肢体伤残人士综合支持服务	收费
		日间社区康复中心	收费
		严重残疾人士日间照顾服务	收费
		残疾人士社交及康乐中心	收费
		家长/亲属资源中心	
		残疾人士社区支持计划	
		残疾人士/病人自助组织	
		四肢瘫痪病人过渡期护理支持中心	收费
		住宿暂顾服务	收费
		紧急安置服务	免费
		收容所	免费
弱智人士服务	日间训练或职业康复服务	展能中心	免费
		庇护工场	
		辅助就业	
		综合职业康复服务中心	
		综合职业训练中心－日间服务	
		残疾人士在职培训计划	
		创业展才能计划	
		"阳光路上"培训计划	
		职业康复延展计划	免费
	住宿服务	严重残疾人士护理院	收费
		严重弱智人士宿舍	收费
		中度弱智人士宿舍	收费
		辅助宿舍	收费
		综合职业训练中心－住宿服务	收费

续表

服务类别	服务项目	细化项目	费用
弱智人士服务	社区支持服务	残疾人士地区支持中心	收费
		严重残疾人士日间照顾服务	收费
		残疾人士社交及康乐中心	收费
		家长/亲属资源中心	
		残疾人士社区支持计划	
		健乐会	
		残疾人士/病人自助组织	
		住宿暂顾服务	收费
		紧急安置服务	免费
		收容所	免费
精神病康复者服务	日间训练或职业康复服务	庇护工场	
		辅助就业	
		综合职业康复服务中心	
		综合职业训练中心－日间服务	
		残疾人士在职培训计划	
		创业展才能计划	
		"阳光路上"培训计划	
		职业康复延展计划	免费
	住宿服务	为精神病康复者而设的辅助宿舍	收费
		中途宿舍	收费
		长期护理院	收费
	社区支持服务	精神健康综合社区中心，包括精神病康复者训练及活动中心、社区精神健康连网、中途宿舍续顾服务、社区精神健康照顾服务、日间社区康复服务、社区精神健康协作计划、天水围的精神健康综合社区中心试验计划	
		家长/亲属资源中心	
		残疾人士/病人自助组织	

第十章 社会服务设施布局和服务项目供给优化与整合

续表

服务类别	服务项目	细化项目	费用
视觉受损人士服务	学前儿童康复服务	早期教育及训练中心	收费
		幼儿园暨幼儿中心兼收计划	无额外费用
		特殊幼儿中心	免费
		设有住宿服务的特殊幼儿中心	免费
	日间训练或职业康复服务	庇护工场	
		辅助就业	
		综合职业康复服务中心	
		综合职业训练中心-日间服务	
		残疾人士在职培训计划	
		创业展才能计划	
		"阳光路上"培训计划	
		职业康复延展计划	免费
	住宿服务	盲人护理安老院	收费
		视觉受损的严重弱智人士宿舍	收费
		视觉受损的中度弱智人士宿舍	收费
		视觉受损的弱智人士辅助宿舍	收费
	社区支持服务	视障人士康复及训练中心	免费
		为视觉受损人士而设的传达及信息服务	
		残疾人士社交及康乐中心	收费
		残疾人士/病人自助组织	
听觉受损人士服务	学前儿童康复服务	早期教育及训练中心	收费
		幼儿园暨幼儿中心兼收计划	无额外费用
		特殊幼儿中心	免费
		设有住宿服务的特殊幼儿中心	免费
	日间训练或职业康复服务	庇护工场	
		辅助就业	
		综合职业康复服务中心	
		综合职业训练中心-日间服务	
		残疾人士在职培训计划	

续表

服务类别	服务项目	细化项目	费用
听觉受损人士服务	日间训练或职业康复服务	创业展才能计划	
		"阳光路上"培训计划	
	社区支持服务	听觉受损人士综合服务中心	收费
		残疾人士社交及康乐中心	收费
		残疾人士/病人自助组织	
职业康复服务	庇护工场		
	辅助就业		
	综合职业康复服务中心		
	综合职业训练中心－日间		
	残疾人士在职培训计划		
	"阳光路上"培训计划		
	职业康复延展计划		免费
	为接受资助职业康复服务的残疾雇员而设的指导员奖励金计划		
	残疾雇员支持计划		
就业/业务拓展机会及社会企业			
日间训练服务	早期教育及训练中心		收费
	幼儿园暨幼儿中心兼收弱能儿童计划		无额外费用
	特殊幼儿中心		免费
	展能中心		免费
住宿照顾服务	设有住宿服务的特殊幼儿中心		免费
	严重弱智人士宿舍		收费
	中度弱智人士宿舍		收费
	四肢瘫痪病人过渡期护理支持中心		收费
	严重肢体伤残人士宿舍		收费
	盲人护理安老院		收费
	严重肢体伤残兼弱智人士宿舍		收费
	严重残疾人士护理院		收费

续表

服务类别	服务项目	细化项目	费用
住宿照顾服务	轻度弱智儿童之家/兼收轻度弱智儿童的儿童之家		免费
	辅助宿舍		收费
	综合职业训练中心－住宿服务		收费
	中途宿舍		收费
	长期护理院		收费
	私营残疾人士院舍买位计划		
	自负盈亏院舍		
社区支持服务/残疾人士/病人自助组织	残疾幼儿日间暂托服务		收费
	严重残疾人士家居照顾服务		收费
	残疾人士地区支持中心		收费
	四肢瘫痪病人过渡期护理支持中心		收费
	日间社区康复中心		收费
	严重肢体伤残人士综合支持服务		收费
	严重残疾人士日间照顾服务		收费
	残疾人士社交及康乐中心		收费
	精神健康综合社区中心		
	家长/亲属资源中心		
	家长/亲属资源中心专业支持队		
	残疾人士/病人自助组织		
	社区复康网络		收费
	残疾人士社区支持计划		
	视障人士康复及训练中心		免费
	为视觉受损人士而设的传达及信息服务		
	听觉受损人士综合服务中心		收费
	健乐会		
	中央辅助医疗服务课		免费
	收容所		免费
	中央辅助心理服务课		免费

续表

服务类别	服务项目	细化项目	费用
社区支持服务/残疾人士/病人自助组织	地区言语治疗服务		
	住宿暂顾服务		收费
	日间暂顾服务		收费
	紧急安置服务		免费
	个案管理服务		
残疾人士的资讯科技训练及支持			
特定基金			

资料来源：根据香港社会福利署网站资料整理。

二 澳门

澳门的社会服务设施与服务项目结合得非常紧密，公营、资助、非资助非营利和非资助营利四类设施/机构划分明确，形成政府主导、社会参与的社会服务供给格局，值得中国中央政府学习和借鉴（见表10-15）。

澳门社会服务项目共有七大类别，除了第九章表9-5所列六大类服务项目外，还有防治赌博服务。在各类别服务中，儿童及青少年服务还包括法律辅导服务，长者服务还包括"颐老咭"计划和CEPA中开放老人社会服务，防治药物依赖服务还包括预防药物滥用服务。澳门社会服务项目除了常规项目外，专门设置了具有澳门特色的防治赌博失调服务、新来澳及非中国籍人士服务等。

表10-15 2016年澳门受资助的社会服务设施/机构

单位：个，座

服务大类	服务设施	资助	公营	非资助非营利	非资助营利	总数
个人及家庭服务	社会工作中心		5			5
	家庭及社区综合服务中心	9				9

续表

服务大类	服务设施	资助	公营	非资助非营利	非资助营利	总数
个人及家庭服务	家庭服务中心	4	1			5
	临时收容中心	3		1		4
	辅导及治疗中心	5				5
	新来澳及非中国籍人士服务	2				2
	灾民中心		1			1
社区服务	社区中心	9		1		10
	社区支援服务中心	3				3
	短期食物补助服务	1				1
儿童及青少年服务	托儿所	34		4	13	51
	儿童及青少年院舍	10				10
	社区青年工作队	4				4
	青少年及家庭综合服务	2				2
长者服务	长者综合服务中心	2				2
	长者院舍	8		1	9	18
	长者日间护理中心	3				3
	长者日间中心	8				8
	家居照顾及支援服务	5				5
	耆康中心	22	2			24
	独居长者服务	27				27
	平安通呼援服务	1				1
康复服务	康复院舍	9				9
	日间中心	9				9
	庇护工场	2				2
	职训中心	6				6
	康复综合服务	2				2
	教育中心/学前教育中心	3				3
	复康巴士服务	2				2
	评估中心		1			1

续表

服务大类	服务设施	资助	公营	非资助非营利	非资助营利	总数
康复服务	特别计划	2				2
防治赌博失调服务	防治赌博失调服务	6	1	3		10
防治药物依赖服务	预防药物依赖服务	4	1			5
	戒毒康复服务	1	1			2
	戒毒康复院舍	5				5
	戒毒外展服务	4				4
	戒烟服务	1				1
社会重返服务	更生人士中途宿舍服务	1				1
	违法青少年短期宿舍服务	2				2
总计		221	12	11	22	266

资料来源：根据澳门社会工作局（2018）整理计算。

第三节　中国中央政府社会服务设施和服务项目供给优化与整合

一　服务设施

按照国际上一般共识来看，我国基本的社会服务设施大都具备（教育部，2018b；民政部，2017；中国残疾人联合会，2018；蒋欣，2017）。

（1）提供住宿的养老服务。2016年全国各类养老服务机构和设施14.0万个，比上年增长20.7%，其中注册登记的养老服务机构近2.9万个，社区养老服务机构和设施3.5万个，社区互助型养老设施7.6万个；各类养老床位合计730.2万张，比上年增长8.6%（每千名老年人拥有养老床位31.6张，比上年增长4.3%），其中社区留宿和日间照料床位 322.9 万张。

2.9 万个注册登记的养老服务机构中，城市养老服务机构 8891 个，农村 15398 个，社会福利院 1604 个，光荣院 1040 个，荣誉军人康复医院 44 个，复员军人疗养院 38 个，军休所 1577 个。

（2）提供住宿的儿童福利和保护服务。截至 2016 年底，全国共有幼儿园近 24 万所，在园幼儿规模 4414 万人，学前三年毛入园率达到 77.4%，与 2009 年相比，幼儿园数量增长了 74%，在园幼儿规模增长了 66%，毛入园率增加了 27 个百分点，人民群众关心的"入园难"问题得到明显缓解。

全国共有儿童收养救助服务机构 705 个，床位 10.0 万张，年末收留抚养各类人员 5.4 万人。其中儿童福利机构（收养机构）465 个，床位 9.0 万张；未成年人救助保护中心 240 个，床位 1.0 万张，全年共救助流浪乞讨未成年人 5.2 万人次。

（3）提供住宿的残疾人康复服务。截至 2017 年底，全国已有残疾人康复机构 8334 个，其中，提供视力残疾康复服务的机构 1194 个，提供听力言语残疾康复服务的机构 1417 个，提供肢体残疾康复服务的机构 3088 个，提供智力残疾康复服务的机构 2659 个，提供精神残疾康复服务的机构 1695 个，提供孤独症儿童康复服务的机构 1611 个，提供辅助器具服务的机构 1866 个。

残疾人托养服务工作稳步推进，残疾人托养服务机构 7923 个，其中寄宿制托养服务机构 2560 个，日间照料机构 3076 个，综合性托养服务机构 2287 个，为 23.1 万残疾人提供了托养服务。接受居家服务的残疾人 78 万人。

2017 年，854.7 万残疾儿童及持证残疾人得到基本康复服务，其中包括 0~6 岁残疾儿童 141239 人。得到康复服务的持证残疾人中，有视力残疾人88.3万、听力残疾人40.7万、言语残疾人4.3万、肢体残疾人484.6万、智力残疾人71.3万、精神残疾人125.9万、多重残疾人35.5万。全年共为244.4万残疾人提供各类辅助器具适配服务。

（4）提供住宿的精神卫生服务。全国民政部门管理的智障与精神疾病服务机构共有244个，床位8.4万张。其中社会福利医院（精神病院）150个，床位5.3万张，年末收留抚养各类人员4.4万人；复退军人精神病院94个，床位3.1万张，年末收留抚养各类人员2.5万人。

（5）提供住宿的戒毒服务。到2012年底，全国有680个强制隔离戒毒所（陈丽平，2013）。到2017年6月，全国司法行政戒毒系统共有360个戒毒场所。在当地政府的支持下，全国司法行政戒毒系统开展了支持指导社区戒毒（康复）工作，共建立社区戒毒（康复）指导站点（或其他类似机构）近1500个（蒋欣，2017）。

（6）其他提供住宿的社会服务。全国共有其他提供住宿的社会服务机构2371个，床位16.7万张。其中各类救助管理机构1736个，床位10.2万张，全年救助生活无着流浪乞讨人员328.3万人次（在站救助283.5万人次、站外救助44.7万人次）。生活无着人员救助管理站1736个，军供站315个，其他提供住宿的机构320个。

（7）社区服务。截至2016年底，全国共有各类社区服务机构和设施38.6万个，其中社区服务指导中心809个（其中农村27个）；社区服务中心2.3万个（其中农村0.8万个）；社区服务站13.8万个（其中农村7.2万个）；社区养老服务机构和设施3.5万个，比上年增长34.6%；互助型养老服务设施7.6万个，比上年增长22.6%；其他社区服务设施11.3万个，社区服务中心（站）覆盖率24.4%，其中城市社区服务中心（站）覆盖率79.3%，农村社区服务中心（站）覆盖率14.3%。城镇便民、利民服务网点8.7万个。社区志愿服务组织11.6万个。民政部门直属的康复辅具机构25个。

存在的主要问题有三个。第一，设施数量不足。如幼儿园，由于底子薄、欠账多，目前幼儿园/学前教育仍然满足不了需求。第二，设施建设缺失或结构不合理。如养老服务设施，一方面床位大量闲置；另一方面老年人及家庭需要的精神病患者养老服务机构、痴呆症老人养老服务机构等供给严重不足。第三，设施整合度不高，碎片化、重复建设、部门分割问题比较严重。如养老服务设施与残疾人服务设施分割。

二　服务项目

如果以英国、美国、北欧、以色列、捷克、新加坡、中国香港和澳门等国家和地区的社会服务项目为通行的国际参照标准，可以看到，经过近70年的努力，中国涉及社会服务的主要项目都有了，但相比较而言，由于中国中央政府没有建立社会服务制度，所以在中国中央层面，社会服务项目的政策供给还存在一些突出的问题。

（1）碎片化特征明显。由于目前的社会服务项目分属不同政府部门管理，不可避免地产生了服务项目部门利益、重复供给等问题。如儿童保护服务、戒毒服务、预防青少年违法犯罪服务等司法特征明显，社会服务特性不足。再如，养老服务和残疾人服务分割等。

（2）服务项目不明确。如养老服务，从2011年以来中央部门发布的养老服务和涉及养老服务的法律法规和政策文件来看，养老服务的定义不清楚，服务项目不明晰，混淆了老龄政策与养老服务政策之间的区别，造成地方实践困境。

(3) 一些服务项目供给不足或缺失。如精神病老人社会服务，包括痴呆症老人社会服务供给严重不足。中央层面对家庭服务、照料者社会服务（缓解照料）、6~12岁儿童课外照料服务等项目缺少政策法规供给。

尽管如此，地方社会服务实践却非常活跃，为国家建立社会服务制度提供了重要的新鲜经验。如目前许多地方民政部门在养老服务领域开展的喘息服务（缓解照料）（见表10-16）。

表10-16　部分城市喘息服务政策和实践经验

城市	政策和实践经验
北京	2016年发布《关于开展社区养老服务驿站建设的意见》，提出"利用驿站现有设施和资源，重点为社区内空巢和有需求的老年人提供日间托养，实施专业照护，针对有特殊服务需求的老年人开展短期全托"。2018年发布《关于加强老年人照顾服务完善养老体系的实施意见》，提出"通过购买服务方式由养老照料中心、社区养老服务驿站为老年人提供短期托养服务，为其照护者提供休整机会"。这是北京市首次明确"喘息服务"的费用由政府买单
上海	在全国首推喘息服务。2012年，在静安、浦东、黄浦等区开展试点工作，并逐步在全市铺开。2014年，上海将"喘息服务"项目首次纳入老年宜居社区建设试点中，同年8月起，全市探索嵌入式社区养老服务，兴建的长者照护之家提供喘息服务
广州	2016年，制定《广州市社区居家养老服务管理办法》，将喘息服务列入社区居家养老基本服务范畴。2018年制定《广州市社区居家养老服务评估指引（试行）》，加大临时托养（喘息）服务的评估分值。目前全市至少有15家养老机构实际开展了喘息服务。同时，大力支持社会组织探索喘息服务。连续4年每年投入1000万元开展为老服务公益创投，资助培育263个创新性为老服务项目，其中喘息服务项目11个，资助金额202万元
南京	2017年首试"喘息服务"。从2018年起，全市推出"喘息服务"，政府为重度失能老人家庭每年免费提供15天的"全托"服务，标准是150元/天，让长期照料重度失能老人的家属得以喘息。到2019年3月底，已完成640户家庭，缓解了部分家庭的养老压力
安庆	从2014年开始，市辖区城乡家庭中长期卧床的失能老人及家属，只要是国家法定假日，符合条件的都可以提出申请，全年服务天数不超过28天。失能老人接受"喘息服务"期间，政府每人每天补助100元
苏州	从2013年开始，苏州市政府为开展家庭照料服务的老年配偶或子女提供支持性喘息服务。如苏州工业园区景城社区整合九龙医院、建屋物业、娄葑家政、心理咨询师志愿团队、爱心商户以及社会志愿者等六大资源力量，共同为老人提供"喘息服务"

资料来源：北京市、上海市、广州市、南京市、安庆市、苏州市民政局提供。

再如儿童福利服务。笔者通过调研发现，张家港市民政局本着创新精神，遵循社会服务项目设置和供给的内在规律，合理布局儿童福利服务设施，尤其是开展的6～12岁儿童课外照料服务走在了全国前列（见专栏10.1）。

专栏10.1

张家港市共有儿童（18岁以下）约12万人，其中困境儿童1000余人，呈浮动趋势。作为全国第二批适度普惠型儿童福利制度建设试点城市，张家港市建立了市、镇、村三级儿童福利工作格局。对于易受侵害儿童，建立依托村（社区）、学校建立信息库，做到早期预防、及时发现、报告和响应机制，定期回访、主动介入、积极干预。同时，设立儿童保护热线，建立儿童福利督导员和社工、警察、医生、教师多方位合作机制，把儿童安全隐患消灭在萌芽状态。处理侵害儿童事件则委托专业机构，依据受侵害状况和评估结果进行分类处理。

为了保障全市1000多名困境儿童的权利和需求，困境儿童关爱中心于2016年8月成立，12月正式运营，它突破了传统的资助模式，通过建设困境儿童个案管理平台，整合链接社会资源，评估各渠道发现的困境儿童的现状及需求，提供预防性、支持性、保护性、补充性、替代性服务，更为精准地将相关资源根据需求输送给相应的困境儿童。

张家港全市共设儿童福利载体（含课外照料功能）52个点，主要分布在学校周边和社区，每个点每年提供20000元的运行补助，用以保障儿童放学和放假期间享受各类服务。

——张家港市民政局提供

总　结

综合上述分析可见，任何一个国家和地区要为服务对象提供社会服务，必须要设计出必要的合理的社会服务设施和项目，这是整个社会服务制度建设和完善的核心内容。未来中国中央政府在社会服务设施和项目建设中，需要把握好以下四点。第一，英国、美国、北欧、捷克、以色列、新加坡，以及中国香港和澳门等国家和地区所确立的社会服务设施和项目基本上都适用于中国。这是一个基于社会服务属性的基本判断。第二，提高中央政府各部门对社会服务的认识，在打破部门利益分割、消除服务设施和项目碎片化、形成整合机制上下功夫。第三，需要对社会服务设施和项目重新整合、治理和规划。对中国中央政府和地方政府已经实施的社会服务项目和建成的设施一方面继续巩固和完善，另一方面增加不足的和缺失的社会服务设施和项目。第四，总结境外国家和地区，以及中国社会服务兜底工程和中央财政支持社会组织参与社会服务项目等好的经验和做法，继续巩固和完善政府直接提供服务的职责和供给机制，同时通过资助社会办的社会服务机构/设施，拓宽社会服务供给渠道，形成全社会关注和支持社会服务的局面。

第十一章 社会服务监督检查制度创设

监督检查是保证社会服务顺利运行,保证服务对象合法权益不受侵害并获得有质量的社会服务,促进社会服务政策不断改进和完善的重要环节。因此,本章通过分析典型国家和地区的经验,以及中国中央政府社会服务监督检查制度现状,提出中国中央政府社会服务监督检查制度创设的思路。

第一节 外国社会服务监督检查制度设置

一 社会服务监督检查机构

1. 部门内监管设置模式

这种模式以英国、美国、丹麦、捷克、新加坡等国家为代表。

(1)英国。英国的社会服务监督检查工作主要由卫生和社会照料部统筹。不过《地方当局社会服务法1970》有特殊的规定,即国务大臣负责指导和管理地方社会服务。第一,经国务大臣授权的官员/机构可以检查私人儿童福利院、地方当局照看儿童的场所、由地方教育当局或志愿组织等为儿童提供的寄宿场所、私人收养儿童的场所、任何人充当儿童照看者照看儿童的场所、被用于向儿童提供膳宿的护理院或医院、地方当局提供服务的场所、为儿童提供寄宿的学校等。第二，国务大臣应当保存不适合为脆弱成年人提供照料服务的工作者的名单。如果照料工作者伤害脆弱成年人，或将脆弱成年人置于风险境地，服务提供者已经将他解雇；如果服务提供者将照料工作者转到非照料职位上，或者出现照料工作者没再签约、退休、人员剩余等情况，为脆弱成年人提供照料服务的照料者（服务提供者）应当将名单提交给国务大臣。

（2）美国。卫生和人类服务部所属的儿童和家庭局社区服务办公室负责实施和监督管理 SSBG。《社会服务固定拨款法案》中 SEC. 2006 要求：第一，各州应当提交使用拨款开展活动的报告；第二，各州要对拨款使用和支出情况进行审计，每两年至少一次；第三，报告的内容包括获得服务的人数、每种服务类型的支出、资格标准、提供服务的方式（公共机构提供/私有机构提供）等。

（3）丹麦。丹麦的社会服务监督主要强调市政委员会和地方委员会的责任，而社会事务部主要负责制定管理监督的具体规则。市政委员会和地方委员会的责任主要有六点。第一，应当监督市政内儿童、18岁以下青少年和准父母的生活状况，并履行好有关法律保护和社会事项的监督职责。第二，应当有义务提供社会服务法规定的援助，并对向接受市政服务的居民和居住者提供的援助进行监督，确保援助符合服务目标。第三，作为监督职责，地方市政委员会要对老年人和残疾人的护理院、养老院和社会住房等进行监督。第四，履行对私有服务设施的监督职责，包括对设施中的工作人员、建筑设施和资金进行监督，对私人照料住所每年至少探访一次。第五，履行业绩监督职责，对市政委员会的职责执行情况进行监督，确保市政委员会的决策和质量标准符合社会服务法的有关规定。第六，制定监督政策，监督政策至少一年更新一次。为了保证监督检查制度有效，社会服务法对于投诉和司法审查制度等有明确的规定。

2. 部门间分级监管设置模式

这种模式以挪威、瑞典等为代表。

（1）挪威。监督机关包括挪威国家卫生监督局、挪威郡级卫生监督局以及郡级政府机关。挪威国家卫生监督局是一个全国性的政府机构，隶属于卫生部，是最高国家卫生监督机关，议会通过的法律法规规定其负责监督的领域。监督机关努力确保满足民众的社会服务需要，卫生和社会服务有足够的专业水准，预防卫生和社会服务的缺失，有效、合理地利用资源。挪威国家卫生监督局实施分类服务监督。分类服务监督是从整体角度进行监督，包括收集、整理并分析解释卫生和社会服务方面的信息，以便评估服务是否满足需要（民众是否获得所需服务）以及质量如何（服务是否达到法律规定的质量）。分类服务监督报告向服务单位以及民众公布。监督机关积极工作，确保所有卫生和社会服务提供单位使用监督结果报告，作为改进管理系统和提高服务质量的信息来源。

郡级监督工作由挪威郡级卫生监督局（监督保健服务和医疗人员）以及郡级政府机关（监督儿童福利和社会服务）负责开展。社会服务法规定了地方政府有义务为民众提供信息、咨询和指导等服务，以便帮助解决或预防社会问题，向那些由于疾病、残疾、年老或其他原因而需要特殊帮助的人提供实际帮助与培训，帮助那些需要特别护理的个人和家庭减轻负担并支付相关费用，为个人及家庭建立联系人，为那些存在特殊问题的病人提供床位或安置住处。

（2）瑞典。瑞典的国家健康和福利委员会负责监督全国的社会服务。郡管理委员会负责本郡的监管。第一，国家健康和福利委员会负责监督全国的社会服务。委员会关注和发展社会服务，并给出促进社会服务法执行的总体建议。第二，郡管理委员会负责关注社会福利委员会对社会服务法的执行情况，向公众提供社会服务的信息和建议，帮助社会福利委员会提高咨询能力，鼓励市政和其他公共机构在社会福利领域展开合作，致力于保证市政计划能满足照料机构以及特殊形式的住宿设施的未来发展需要，确保社会福利委员会以适当的方式完成任务。

二 质量和业绩管理

1. 英国

英国社会服务质量和业绩管理主要由《照料标准法2000》（Care Standards Act 2000）、《照料法2014》（Care Act 2014）、《成年人社会照料结果框架——定义手册》（UK Department of Health and Social Care，2018）和检查报告等组成。

（1）质量管理。《照料标准法2000》授权成立全国照料质量委员会（Care Quality Commission）管理相关业务。第一，负责照料机构的登记和管理。第二，管理和检查地方政府寄养和收养服务。第三，社会照料工作的登记、管理和培训。第四，为儿童保护和脆弱成年人提供服务等。

《照料法2014》第二部分"照料标准"规定了六项任务。第一，服务质量，包括责任和警告通知等。第二，全国照料质量委员会管理社会照料，负责照料机构的登记和检查，资金来源于卫生和社会照料部。第三，提高全国照料质量委员会的独立性。第四，业绩评价。第五，处理错误或误导性信息。第六，管制活动。

(2) 业绩管理。早在 1998 年，英国政府发布的《社会服务现代化》白皮书，就提出了社会服务业绩评估框架（DH，1998）（见表 11-1）。如今，这一框架得以不断完善，形成了适合成年人和儿童各自社会照料服务业绩管理的制度。

表 11-1 英国《社会服务现代化》建议的社会服务业绩评估框架

业绩领域：国家优先考虑的事项和战略目标	
定义： 对于国家优先考虑的社会照料事项、国家目标和地方的战略目标，地方社会服务当局（LSSAs）实现的范围和程度	可能的业绩指标的例子： （1）一年内有 3 个或更多安置点的被照看儿童的比例； （2）75 岁及以上急性住进医院的人数和比例
业绩领域：成本和效率	
LSSAs 提供成本收益和有效率的服务的程度和范围	针对成年人和儿童服务的单位成本和综合措施
业绩领域：服务递送的效果和结果	
按照最佳实践、一致性标准、及时性，以及由适当受过训练的员工递送服务等原则，服务满足需求的程度 LSSAs 成功使用其资源来提高被照料人员的自我满足能力、社会参与和经济参与、生活机会的程度，以及提供安全的程度	（1）医院对急性精神病人的重新接纳； （2）在 16 岁被照看，16~19 岁一直需要社会服务的儿童比例； （3）经 SSA 调整后，每 1000 户家庭中被照看的人数； （4）户主是 75 岁及以上的人，接受特别居家照料的家庭户数量； （5）成年人疗养院/护理院被检查的比例
业绩领域：对用户和照料者的服务质量	
用户/照料者的服务认知和服务体验，对个人需求的服务反应，服务供给的连续性，用户/照料者介入评估和审查	（1）延迟出院； （2）被提供单间的住所/照料机构的比例； （3）用户/照料者的满意度调查
业绩领域：公平享有	
与需求相关的供给的公平性，明确的资格标准的存在，关于服务供给的可得信息的提供	（1）受帮助住在家中的 65 岁及以上的人数； （2）经 SSA 调整后的成年人人均日间照料供给； （3）经 SSA 调整后，每 1000 户家庭中被照看的儿童

资料来源：DH（1998）。

《成年人社会照料结果框架——定义手册》包括四个领域：领域

一，提高有照料和支持需求的人的生活质量，包括10个指标；领域二，延迟和减少照料和支持需求，包括5个指标；领域三，确保人们有积极的照料和支持体验，包括4个指标；领域四，保护易受环境影响变得脆弱的成年人以免他们受到伤害，包括2个指标。每个指标进一步分解为结果、说明、定义/解释、校正、风险调整、公式、实例、分解、收集频率、返回形式、长期发展选择、进一步指导等12个可操作的小项。

针对儿童社会照料服务，英国政府出台了《包括质量标准在内的儿童福利院管理指南》（UK Department of Education, 2015）、《社会照料共同检查框架（SCCIF）：儿童福利院》（Ofsted, 2017）。此外，不少地方政府和教会推出了一些质量和业绩标准，如《儿童社会照料质量保证和改进战略》（Portsmouth City Council, 2016）、《儿童社会照料业绩和质量保证框架》（RMBC, 2015）、《儿童社会照料质量标准》（Shropshire Council, 2016）、《儿童社会照料质量保证框架》（Somerset County Council, 2016）等。

（3）检查报告。针对社会服务项目实施情况和效果，英国定期和不定期地发布检查报告，如教育、儿童服务和技能标准办公室（Ofsted）发布的《英国儿童社会照料》（*Children's Social Care in England*），向公众呈现了四个方面的检查结果（King, 2017）。第一，对地方政府从2013年11月至2017年4月30日儿童服务的检查结果。第二，2016年4月1日至2017年3月31日所有受监管的和其他儿童社会照料供给的检查结果。第三，截至2017年3月31日，所有受监管的和其他儿童社会照料供给的最近检查结果。第四，截至2017年3月31日，有关儿童社会照料提供者的信息，包括提供者和地点的数量。

再如成年人社会服务检查报告。英国照料质量委员会发布的《成年人是社会照料服务状况 2014—2017》(*The State of Adult Social Care Services 2014 to 2017*),该报告基于 2017 年 5 月发布的大约 24000 个不同地点的 33000 多份检查结果(CQC,2017)。第一,检查显示 4/5 的成年人社会照料服务被评为优秀和杰出,接近 1/5 需要改进和提高,343 个(2%)地点仍然被评为不足。第二,所有提供者都可以从高质量的照料服务中学习,并且应该知道如何避免劣质的照料。第三,当发现劣质照料服务,采取行动以确保提供者和管理人员解决他们的问题,并维护服务用户、他们的家庭和照料者的权利。第四,成年人社会照料提供者认为检查鼓励改进。

2. 美国、捷克、丹麦和新加坡

(1) 美国。为保证联邦政府《社会服务固定拨款法案》对各州下拨的资金得到有效使用,从 2012 年起,美国联邦政府推出社会服务新业绩管理办法(Office of Community Services,2012)。业绩测量 = 按计划支出的 SSBG 拨款总额/支出前所有 SSBG 预计分配资金的总和。为保证数据准确,社区服务办公室还设计了支出前报告和支出后报告两个 Excel 表格。表 11-2 为各州使用业绩测量方法提供的计算范例。范例中业绩得分为 \$5509462/\$6464236 = 85%。

表 11-2 某州业绩测量计算方法

服务项目	A 预计 SSBG 拨款支出 (支出前报告)	B 实际 SSBG 拨款支出 (支出后报告)	C 按计划支出到 100% 的金额	D = C/A 按计划支出 的占比
保护性服务 - 成年人	\$1007374	\$2421073	\$1007374	100%
个案管理	\$1007374	\$195213	\$195213	19%
妊娠与育儿	\$337826	\$195213	\$195213	58%

续表

服务项目	A 预计 SSBG 拨款支出 （支出前报告）	B 实际 SSBG 拨款支出 （支出后报告）	C 按计划支出到 100% 的金额	D = C/A 按计划支出 的占比
居家服务	$75696	$512495	$75696	100%
其他服务	$4035966	$4046349	$4035966	100%
总计	$6464236	$7370343	$5509462	85%

资料来源：Office of Community Services（2012）。

（2）捷克。捷克的劳动和社会事务部（Czech Ministry of Labour and Social Affairs, 2002）发布的《社会服务质量标准》（Standards for Quality in Social Services），共有程序、个人和运行三大类标准，17项具体标准（见表11-3）。这可能是最早的一份社会服务质量框架，这份文件的意义有两个。第一，不能仅仅简单从定量的角度看待社会服务质量，必须要更多考虑社会服务质量定性方面的特质。第二，考核社会服务质量，必须采取定量与定性相结合的方法，并且以定性方法为主。

表11-3 捷克《社会服务质量标准》分类标准和指标数量

大类标准	具体标准	指标数量（个）
社会服务质量的程序标准	服务发送的意图和方式	5
	社会服务用户权利的保护	4
	对待预期的服务用户	6
	服务供给协议	6
	服务供给的计划制定和实际贯彻落实	6
	个人数据	6
	关于服务发送的质量或方式的投诉	9
	与其他资源的联系	5
社会服务质量的个人标准	服务的员工配备	4
	工作条件和服务供给的管理	3
	雇员和工作团队的职业发展	6

续表

大类标准	具体标准	指标数量（个）
社会服务质量的运行标准	服务的地点和可利用性	2
	服务的意识	3
	服务发送的背景和条件	4
	紧急事件和不测事件	2
	服务质量保证	5
	资金提供	4

资料来源：Czech Ministry of Labour and Social Affairs (2002)。

（3）丹麦。2015年修订的《社会服务法》在第八章"行政管理"中增加了"质量标准和行动计划"。概括起来，质量标准主要有两点。第一，在社会服务法范围内，针对本地援助服务的实施，市政委员会可以决定一般的和推荐的服务水平。第二，社会事务部部长可按程序制定规则，以便市政委员会就社会服务法规定的成年人服务的内容、范围和提供做出决定，并跟进此类决定。

行动计划主要有三点。第一，市政委员会在决定实施一项措施前，应当在4个月内起草行动计划。第二，行动计划针对的服务对象，有明确的规定。第三，行动计划包括意图、实现意图必要的行动、持续的时间、其他与行动有关的具体要素等。

（4）新加坡。新加坡质量和业绩管理的特色是国家社会服务理事会（NCSS）针对社会服务组织制定了服务标准框架（见图11-1），引导社会服务部门发展。第一，该框架确保用户的利益。第二，确保用户获得有质量的服务。第三，确保服务提供者是专业的、公开透明的和负责任的。第四，确保服务提供者不断改进服务，提高服务质量。服务标准框架通过项目实施的结果来评估服务质量是否得到改进和提高以及对客户的影响。

服务标准	质量保证	能力建设
改进的项目评估系统	现场保证	技术援助
服务标准要求	服务改进计划	服务计划

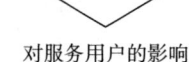

对服务用户的影响

质量服务	公共信任	持续改进

质量服务
改进的项目评估系统（EPES）

改进的项目评估系统
系统的数据收集和分析 ⟹ 业绩指标 ⟹ 评估效果和影响力

服务标准要求（SSR）

服务发送过程中的质量

项目结果	摄入和评估	照料计划

履行计划	文件和记录的保存	服务可获得性和整合度	服务用户的安全和保护

16个标准领域

54个最佳实践指引

质量保证
现场保证（OA）探访

现场保证

社会服务项目的系统评估

数据和过程的有效整合	理解服务用户的结果如何实现	为服务的持续改进确定关键学习要点

修订标准	质量保证	能力建设

图 11-1 NCSS 服务标准框架

资料来源：*NCSS Service Standards Framework for Social Service Organisations*，https://www.ncss.gov.sg/GatewayPages/Social-Service-Organisations/Capability-Building/Consultancy-Support。

从以上分析可以做出一个重要判断，即质量管理是社会服务发展的生命线。欧盟为此投入了大量的人力和财力进行研究，并出台了《欧洲自愿社会服务质量框架》(Social Protection Committee, 2010; 李兵、庞涛, 2015)，对于欧盟国家的社会服务发展起到了积极的推动作用。

第二节 中国香港和澳门社会服务监督检查制度设置

一 香港

1. 社会服务的评估与问责

在香港，无论是接受政府资助的社会服务机构，还是自筹经费的社会服务机构，都必须接受评估和问责。不同的是，前者主要接受资助方——政府的评估和问责，后者更多的是接受社会公众的监督（温颖娜, 2011）。

为对受资助机构进行评估，香港社会福利署（2011）于2010年10月12日制定出台《服务表现监察制度》，它是对受资助机构进行规管、厘定及评估服务表现的重要文件，包括社会福利署与受资助机构签订的《津贴及服务协议》以及一套《服务质素标准》。根据《服务表现监察制度》，对机构服务表现进行评估的方法大致有四种（见专栏11.1）。

专栏 11.1

（1）"基本服务规定"及"服务质素标准"的自我评估。各服务营办者每年须向社会福利署提交自我评估报告，陈述其服务单位"基本服务规定"及"服务质素标准"的执行情况；

如有未达标准之处，同时提交改善计划。

（2）统计报告。服务营办者采用特定表格，向社署提交服务单位在"服务量标准"及/或"服务成效标准"的统计报告；社署会按照协定的水平，分析有关数据。

（3）评估探访。"评估探访"是社署监察服务表现的常规工作，以了解服务单位遵守协定服务水平的情况，其中包括十六项"服务质素标准"及"基本服务规定"的执行。根据风险管理的方式，社署为各服务营办者抽选接受"评估探访"。为落实整笔拨款独立检讨委员会（检讨委员会）在2008年12月发表的《整笔拨款津助制度检讨报告》的建议，社署除了定期的评估探访及为调查投诉而进行的突击巡查外，会更频密地巡查服务单位，亦会基于一般素质保证需要而按抽样拣选服务单位进行突击巡查。此外，社署亦根据建议由评估人员在探访/巡查期间系统地收集服务使用者的意见。

（4）实地评估。"实地评估"是社署有针对性的服务表现监察工作，就个别服务营办者或服务单位的独特情况，社署给予短期通知或不作事前知会下，进行实地探访，检视其服务质素。"实地评估"会应用在新服务单位、疑有服务表现问题的服务单位等。

——香港社会福利署（2011）

2. 服务表现标准

作为《服务表现监察制度》主要依据的"服务表现标准"，则可分为"基本服务规定"、"服务质素标准"、"服务量标准"和"服务成效标准"四方面（香港社会福利署，2001）。其中，"基本服规定"乃因应各类服务的提供方式而指定的一些基本建构要求,可包括职员资历、所需器材、遵行服务程序手册的要求、开放时间等;"服务量标准"规定,为衡量每类服务的一些基本服务表现指标,各项标准均以服务单位所属的服务种类而订定,涉及收容率、已登记会员的数目、个别护理计划完成比率、小组活动的平均出席率、已举行活动的数目等指标;"服务成效标准"用于量度服务的成效,可泛指整体服务使用者于使用服务后的改进情况;而"服务质素标准"则订明了服务单位应具备的质素水平,具体表现为"四项基本原则"和"十六项服务质素标准"(见专栏11.2)。

专栏11.2

原则一:资料提供,明确界定服务的宗旨和目标,运作形式应予公开

(1) 服务单位确保制备说明资料,清楚陈述其宗旨、目标和提供服务的形式,随时让公众索阅;

(2) 服务单位应检讨及修订有关服务提供方面的政策和程序;

(3) 服务单位应存备服务运作和活动的最新准确记录;

原则二:服务管理,有效管理资源,管理方法应灵活变通、不断创新及持续改善服务质素

(4) 所有职员、管理人员、管理委员会和/或理事会或其他决策组织的职务及责任均有清楚的界定;

(5) 服务单位/机构实施有效的职员招聘、签订职员合约、发展、训练、评估、调派及纪律处分守则;

(6) 服务单位定期计划、检讨及评估本身的表现,并制定有效的机制,让服务使用者、职员及其他关注人士就服务单位

的表现提出意见;

(7) 服务单位实施政策及程序以确保有效的财政管理;

(8) 服务单位遵守一切有关的法律责任;

(9) 服务单位采取一切合理的步骤,以确保职员和服务使用者处身于安全的环境;

原则三:对使用者的服务,鉴定并满足服务使用者的特定需要

(10) 服务单位确保服务使用者获得清楚明确的资料,知道如何申请接受和退出服务;

(11) 服务单位运用有计划的方法以评估和满足服务使用者的需要(不论服务对象是个人、家庭、团体或社区);

原则四:尊重服务使用者的权利,服务单位在服务运作和提供服务的每一方面,均应尊重服务使用者的权利

(12) 服务单位尽量尊重服务使用者在知情下作出服务选择的权利;

(13) 服务单位尊重服务使用者的私人财产权利;

(14) 服务单位尊重服务使用者保护私隐和保密的权利;

(15) 每一位服务使用者及职员均有自由申诉其对机构或服务单位的不满,而无须考虑遭受责罚,所提出的申诉亦应得到处理;

(16) 服务单位采取一切合理步骤,确保服务使用者免受侵犯。

——香港社会福利署(2001)

上述16项服务质素标准都有详细的准则及要求,供机构、服务单位进行自我评估或接受社会福利署的评估。

除评估外,另一项则是问责。无论是受资助的机构还是自筹经

费的机构，都需要向机构董事会（理事会）及社会公众"交代"，其方式一般为机构的年报。

二　澳门

澳门社会服务监督检查主要由投诉机制、服务承诺和市民满意度等构成。

1. 投诉机制

（1）有接收意见及投诉的渠道，可将意见投入设置于社会工作局各服务地点之意见箱内（办公时间内）。第一，投诉者所提供的一切资料会绝对保密。有关资料只会用于直接关乎投诉者所提出的事宜上，且只供社会工作局专责处理有关问题的人员所使用。在未得到投诉者同意之前，绝不向社会工作局或社会工作局以外的其他人士透露。第二，根据相关法令的规定，社会工作局对留有身份资料及地址的建议、投诉或异议，在接到该投诉或异议之日起计45天内做出回复。一旦逾期，社会工作局将会向投诉者解释原因，并同时告知预计的回复日期。

（2）职能监管范畴。第一，社会工作局接收投诉个案后，会立即派官员做出调查，并与涉案机构进行会议。如投诉属实，会依法明确指出，要求有关机构即时做出处理及提供纠正措施，并会定期检视纠正措施的执行成效。第二，不论具名及匿名的个案，社会工作局都会做出调查及跟进，并派员实地了解。对于具名的个案，社会工作局人员会主动联络立案人以对个案做进一步了解。对于匿名的个案，社会工作局亦会做出处理，唯未能联络立案人以对个案做进一步了解，在个案处理上有一定困难，故建议立案人提供联络资讯，以让社会工作局做适当的跟进处理（见表11-4）。

表 11-4　澳门社会工作局接收建议、投诉、异议、表扬个案之概况

类别		建议			投诉			异议			表扬			总数		
		2015	2016	2017	2015	2016	2017	2015	2016	2017	2015	2016	2017	2015	2016	2017
本局服务	人员	-	-	-	15	16	18	-	-	-	24	14	16	39	30	34
	器材及设施	2	1	-	2	-	2	-	-	-	-	-	-	4	1	2
	环境	-	-	-	-	-	-	-	-	-	-	-	-	0	0	0
	程序手续	21	13	25	21	15	14	1	-	-	-	-	-	43	28	39
受监管民间机构	机构运作	10	5	4	31	19	41	-	-	-	-	-	-	41	24	45
	机构人员	-	-	-	9	11	6	-	-	-	1	-	2	10	11	8
合计		33	19	29	78	61	81	1	0	0	25	14	18	137	94	128

资料来源：澳门社会工作局，http://www.ias.gov.mo/ch/optimization-services/complaint-mechanism/intro。

2. 服务承诺

（1）由社会工作局的优化委员会——服务承诺小组对社会服务进行监督，并会定期检讨服务的成效和标准。

（2）服务项目。每个服务项目都确定服务质量指标和服务表现目标，以及推行单位（见表 11-5）。

表 11-5　澳门社会工作局服务项目的质量指标和表现目标及推行单位

序号	服务项目	服务质量指标	服务表现目标	推行单位	备注
1	援助金	首次申请：45 日内回复申请结果	92%	社会工作中心	（a）
2	个人及家庭辅导服务	申请：即日接待申请者及作出评估			
3	紧急求助	紧急个案支援服务：在获悉有关怀疑/处于危机状态下的个案后，即日作出评估和跟进	100%	儿童及青少年服务处 长者服务处 康复服务处	
		紧急求助个案：10 分钟内作出评估和跟进	94%	家庭及社区服务厅	（e）
4	殓葬服务	申请：3 个工作日内通知所委托之长生店提供有关服务	94%	社会工作中心	（c）

续表

序号	服务项目	服务质量指标	服务表现目标	推行单位	备注
5	社区就业辅助计划及积极人生服务计划	转介：14个工作日内转介至协作机构	92%		(a)
6	平安通呼援服务的特别援助金	申请：45日内回复申请结果			
7	敬老金	申请：40个工作日内以公函回复申请结果			
8	"颐老咭"申请	申请：6个工作日内发出			
9	参与"颐老咭"计划	申请参与：5个工作日内接触及跟进	100%	长者服务处	(b)
		签署合作协议：15个工作日内完成			
10	收养服务	申请收养声明书：10个工作日内发出	100%	儿童及青少年服务处	(b)
		收养社会报告：90日内完成对有关申请的研究，并将决定通知申请人	98%		(j)
		行政交托证明书：5个工作日内发出			(f)
		更改收养申请要求：10个工作日内回复申请结果			(g)
11	社会服务设施申请	个案申请及跟进：10个工作日内接触申请人进行面谈或家访	98%	社会工作中心 儿童及青少年服务处 长者服务处 康复服务处	(a)
12	住宿设施个案支援服务	申请：5个工作日内开展评估及跟进	100%	儿童及青少年服务处 长者服务处 康复服务处	(d)
13	禁毒教育活动	预防滥药讲座：电话/传真：1个工作日内回复及安排；信件：6个工作日内回复及安排	95%	预防药物滥用处	(b)
		专业人士培训课程：6个工作日内回复及安排	90%		

续表

序号	服务项目	服务质量指标	服务表现目标	推行单位	备注
14	健康生活教育	学生课堂安排及参观安排：电话/传真：1 个工作日内回复及安排；信件：6 个工作日内回复及安排	95%		
15	戒毒服务	新求助个案：即日接见，3 个工作日内开始治疗计划，并提供医疗护理辅导服务	95%	戒毒康复处	
16	预防问题赌博教育	预防问题赌博及理财教育讲座：9 个工作日内回复及安排	90%	防治问题赌博处	(b)
17	戒赌辅导服务	亲临之新求助个案：即日接待，评估及开展治疗计划	92%		
18	机构/社团申请资助	固定资助申请之跟进：14 个工作日内与申请机构/社团接触	90%	家庭及社区服务厅 防治赌毒成瘾厅 儿童及青少年服务处 长者服务处 康复服务处	(b)
		偶发性活动资助申请：19 个工作日内回复审批结果			(a)
		维修工程/设备购置资助申请：89 日内回复审批结果	80%		(b)(h)
19	社会服务设施准照服务	准照申请：45 日内回复申请结果	100%	社会设施准照及监察处	(b)(i)
		更换设施牌照持牌人：45 日内回复申请结果			
		准照补发：15 日内补发			(b)
		准照更改：45 日内回复申请结果			(b)(i)
		准照技术意见：在具体选址进行初访后，翌日起计 8 个工作日内予以意见回复	98%		

资料来源：澳门社会工作局，http://www.ias.gov.mo/ch/optimization-services/performance-pledge/performance-pledge。

注：(a) 本局收齐完整资料翌日起计；(b) 本局收到申请资料翌日起计；(c) 代办人提出申请，若申请者符合资格及愿意接受所提供之殓葬服务后起计；(d) 在收到接受本局定期资助住宿设施就某一个案在年内首次要求儿童及青少年服务处、长者服务处或康复服务处提供协助翌日起计；(e) 在接获紧急求助个案之通知后起计；(f) 局长作出行政交托决定批示当日起计；(g) 在确认申请人更改收养要求当日起计；(h) 若申请机构/社团自本局要求提供相关资料之日起计 15 个工作日内未能向本局提交该等资料，则此申请不纳入本服务承诺项目；(i) 上述期限会因通知申请人补充不足资料而中断，而该期间在收到补充资料之日起继续计算；(j) 本局收到申请资料当日起计。

（3）服务承诺履行概况。2015年至2017年，所有服务项目实际达标率均高于预设达标率，达标项目占整体项目的100%，整体服务维持高水平达标状况（见表11-6）。

表11-6 2015~2017年服务承诺履行概况

序号	服务项目	服务质量指标	2015年		2016年		2017年	
			预设达标率	实际达标率	预设达标率	实际达标率	预设达标率	实际达标率
1	援助金	首次申请：45日内回复申请结果	92%	98.57%	92%	99.71%	92%	100%
2	个人及家庭辅导服务	申请：即日接待申请者及作出评估	92%	100%	92%	100%	92%	100%
3	紧急求助	紧急个案支援服务：在获悉有关怀疑/处于危机状态下的个案后，即日作出评估和跟进	100%	100%	100%	100%	100%	100%
		紧急求助个案：10分钟内作出评估和跟进	92%	100%	94%	100%	94%	100%
4	殓葬服务	申请：3个工作日内通知所委托之长生店提供有关服务	94%	100%	94%	100%	94%	100%
5	社区就业辅助计划及积极人生服务计划	转介：14个工作日内转介至协作机构	92%	100%	92%	100%	92%	100%
6	平安通呼援服务的特别援助金	申请：45日内回复申请结果	92%	100%	92%	100%	92%	100%
7	敬老金	申请：40个工作日内以公函回复申请结果	92%	98.97%	92%	99.99%	92%	99.98%

续表

序号	服务项目	服务质量指标	2015年 预设达标率	2015年 实际达标率	2016年 预设达标率	2016年 实际达标率	2017年 预设达标率	2017年 实际达标率
8	"颐老咭"申请	申请：6个工作日内发出	92%	99.98%	92%	100%	92%	99.98%
9	参与"颐老咭"计划	申请参与：5个工作日内接触及跟进	100%	100%	100%	没有个案	100%	没有个案
9	参与"颐老咭"计划	签署合作协议：15个工作日内完成	100%	100%	100%	没有个案	100%	没有个案
10	收养服务	申请收养声明书：10个工作日内发出	100%	100%	100%	100%	100%	100%
10	收养服务	收养社会报告：90日内完成对有关申请的研究，并将决定通知申请人	98%	100%	98%	100%	98%	96%
10	收养服务	行政交托证明书：5个工作日内发出	98%	100%	98%	100%	98%	100%
10	收养服务	更改收养申请要求：10个工作日内回复申请结果	98%	没有个案	98%	100%	98%	100%
11	院舍院童/入托幼儿之保险索偿	申请：18个工作日内回复索偿结果	98%	100%	98%	100%	98%	100%
12	社会服务设施申请	个案申请及跟进：10个工作日内接触申请人进行面谈或家访	98%	100%	98%	100%	98%	99.99%
13	住宿设施个案支援服务	申请：5个工作日内开展评估及跟进	100%	100%	100%	100%	100%	100%
14	禁毒教育活动	预防滥药讲座：电话/传真：1个工作日内回复及安排；信件：6个工作日内回复及安排	95%	100%	95%	100%	95%	100%

续表

序号	服务项目	服务质量指标	2015年 预设达标率	2015年 实际达标率	2016年 预设达标率	2016年 实际达标率	2017年 预设达标率	2017年 实际达标率
14	禁毒教育活动	专业人士培训课程：6个工作日内回复及安排	90%	100%	90%	100%	90%	100%
15	健康生活教育	学生课堂安排及参观安排：电话/传真：1个工作日内回复及安排；信件：6个工作日内回复及安排	95%	100%	95%	100%	95%	100%
16	戒毒服务	新求助个案：即日接见，3个工作日内开始治疗计划，并提供医疗护理辅导服务	95%	100%	95%	100%	95%	100%
17	预防问题赌博教育	预防问题赌博及理财教育讲座：9个工作日内回复及安排	90%	100%	90%	100%	90%	100%
18	戒赌辅导服务	亲临之新求助个案：即日接待，评估及开展治疗计划	92%	100%	92%	100%	92%	100%
19	机构/社团申请资助	固定资助申请之跟进：14个工作日内与申请机构/社团接触	90%	100%	90%	100%	90%	100%
19	机构/社团申请资助	偶发性活动资助申请：19个工作日内回复审批结果	90%	99.72%	90%	96%	90%	97%
19	机构/社团申请资助	维修工程/设备购置资助申请：89日内回复审批结果	80%	99.09%	80%	99%	80%	99%
20	社会服务设施准照服务	准照申请：45日内回复申请结果	100%	100%	100%	100%	100%	100%
20	社会服务设施准照服务	更换设施牌照持牌人：45日内回复申请结果	100%	没有个案	100%	没有个案	100%	100%
20	社会服务设施准照服务	准照补发：15日内补发	98%	没有个案	98%	没有个案	98%	100%

续表

序号	服务项目	服务质量指标	2015 年		2016 年		2017 年	
			预设达标率	实际达标率	预设达标率	实际达标率	预设达标率	实际达标率
20	社会服务设施准照服务	准照更改：45 日内回复申请结果	98%	100%	98%	100%	98%	100%
		准照技术意见：在具体选址进行初访后，翌日起计 8 个工作日内予以意见回复	98%	100%	98%	100%	98%	100%

资料来源：澳门社会工作局，http://www.ias.gov.mo/ch/optimization-services/performance-pledge/estatisticas2。

3. 市民满意度

澳门社会工作局每年都发布市民满意度年度报告。2017 年大部分接受调查者对社会工作局提供的服务表示满意，整体服务评分为 4.27 分。除方便程度外，其他各项平均分均比 2016 年上升，而且市民的评价比较稳定，得分具有较大的可信性。

第三节 中国中央政府社会服务监督检查制度创设

虽然中国中央政府没有建立正式的社会服务制度，但是我们仍然可以从中央政策文件中找到一些监督检查的积极要素。

一 政策文件关于监督检查的规定

1. 社会服务政策文件

（1）《"十三五"社会服务兜底工程实施方案》规定要严格项目管理，各地要建立项目动态监督检查机制，要加大信息公开力度，实行实施方案公开和年度投资计划公开。在其配套政策《"十三五"社会服务兜底工程实施方案项目和资金管理办法》的第六章中对监督管理提出六项具体要求（见专栏11.3）。

专栏11.3

　　第一，对项目所属地方政府要对项目的投资安排、项目管理、资金使用、实施效果负总责，采取事前、事中、事后相结合，日常监督与专项监督相结合的方式，对项目建设资金使用实施全过程监督管理。第二，建设项目要严格执行项目法人责任制、招标投标制、工程监理制和合同管理制等建设管理法规，做到公平、公正、公开、透明。第三，项目资金使用管理要严格执行国家有关法律、行政法规和财务规章制度，严禁挤占、挪用和截留，确保安全有效。第四，要定期对项目的管理、质量、进度、资金使用情况等进行监督检查，及时解决建设过程中存在的问题。第五，通过投资项目在线审批监管平台（重大建设项目库模块），每月10日前对项目实行按月调度，及时填报项目开工情况、投资完成情况、工程形象进度等数据。第六，对违规和违法行为的建设项目，可以责令其限期整改，核减、收回或停止拨付投资补助，暂停其申报中央投资补助项目，并视情节轻重提请或移交有关机关依法追究有关责任人的行政或法律责任。

——摘自《"十三五"社会服务兜底工程实施方案
项目和资金管理办法》

（2）《中央财政支持社会组织参与社会服务项目资金使用管理办法》对项目管理、审计和评估提出了原则性要求，包括加强对项目执行单位的指导和监督，加强对本行政区域内项目资金使用的监管，配合第三方专业机构开展对本行政区域内项目的审计、评估和绩效评价，项目引入社会审计和评估等。

2. 专项政策文件

（1）《养老机构管理办法》的第四章对监督检查提出五项要求（见专栏11.4）。

专栏11.4

第一，民政部门应当通过书面检查或者实地查验等方式对养老机构进行监督检查，并向社会公布检查结果。养老机构应当于每年3月31日之前向实施许可的民政部门提交上一年度的工作报告。第二，民政部门应当建立养老机构评估制度，定期对养老机构的人员、设施、服务、管理、信誉等情况进行综合评价。养老机构评估工作可以委托第三方实施，评估结果应当向社会公布。第三，民政部门应当定期开展养老服务行业统计工作，养老机构应当及时准确报送相关信息。第四，民政部门应当建立对养老机构管理的举报和投诉制度。第五，上级民政部门应当加强对下级民政部门的指导和监督，及时纠正养老机构管理中的违规违法行为。

——摘自《养老机构管理办法》

（2）2019年国务院出台的《关于推进养老服务发展的意见》，共有六大板块28条意见，其中第一条就是要建立养老服务综合监管制度（见专栏11.5）。

专栏11.5

制定"履职照单免责、失职照单问责"的责任清单，制定加强养老服务综合监管的相关政策文件，建立各司其职、各尽其责的跨部门协同监管机制，完善事中事后监管制度。健全"双随机、一公开"工作机制，加大对违规行为的查处惩戒力度，坚持最严谨的标准、最严格的监管、最严厉的处罚、最严肃的问责。市场监管部门要将企业登记基本信息共享至省级共享平台或省级部门间数据接口；民政部门要及时下载养老机构相关信息，加强指导和事中事后监管。加快推进养老服务领域社会信用体系建设，2019年6月底前，建立健全失信联合惩戒机制，对存在严重失信行为的养老服务机构（含养老机构、居家社区养老服务机构，以及经营范围和组织章程中包含养老服务内容的其他企业、事业单位和社会组织）及人员实施联合惩戒。养老服务机构行政许可、行政处罚、抽查检查结果等信息按经营性质分别通过全国信用信息共享平台、国家企业信用信息公示系统记于其名下并依法公示。

——摘自《关于推进养老服务发展的意见》

（3）《幼儿园规范办园行为督导评估办法》对实施督导评估的具体程序提出了专项要求，包括幼儿园自评、实地督导、结果反馈、幼儿园整改、复查。同时鼓励各地可以引入有资质的第三方机构参与评估。

（4）《残疾人托养服务基本规范》对服务质量考核及评价提出七项要求（见专栏11.6）。

专栏11.6

第一，托养服务机构和开展居家托养服务的机构可通过内部的工作检查考核、主管单位组织的考核评定和社会监督评议等方式进行服务质量考核与改进。第二，应依据本规范，结合本机构的实际情况编制管理人员、服务人员考核评定表进行自查。自查评定的周期宜为1个月1次。第三，可通过统一填写主管部门的考核表、主管部门抽查或普查等方式进行服务质量政府部门考核。第四，应通过设立意见箱，召开座谈会、家长会，社会投诉等方式进行服务质量社会监督考核。每季度至少召开1次家属或监护人会议，或者由专人上门家访，收集服务反馈意见和建议。第五，应定期或不定期查阅服务反馈意见、服务过程记录等相关信息，定期走访调研，进行满意度调查，持续改进服务质量，提升服务能力与水平。第六，服务质量考核结果应以适当方式公开。第七，服务质量考核应与激励制度相结合，依此制定服务奖惩制度。

——摘自《残疾人托养服务基本规范》

二 标准规范和专项检查活动

1. 标准规范

通过多年的努力，中国中央政府发布了一系列涉及社会服务的标准规范，设施建设标准如《老年养护院建设标准》（建标144—2010）、《社区老年人日间照料中心建设标准》（建标143—2010）、《流浪未成年人救助保护中心建设标准》（建标111—2008）、《儿童福利院建设标准》（建标145—2010）、《托儿所、幼儿园建筑设计规范》（JGJ 39—2016）、《精神卫生社会福利机构基本规范》（MZ/T 056—2014）、《强制隔离戒毒所建设标准》（建标170—2014）、《残疾人康复机构建设标准》（建标 165—2013）、《残疾人托养服务机构建设标准》（建标 166—2013）和《地方残疾人综合服务设施建设标准》（建标 135—2010）等；服务规范如《残疾人托养服务基本规范》、《养老机构服务质量基本规范》（GB/T 35796—2017）等。所有这些为创设社会服务监督检查制度奠定了良好的基础。

2. 专项检查活动

围绕着社会服务政策文件和标准规范，国家还开展了一些专项检查活动，如开展养老院服务质量建设专项行动和幼儿园专项督查检查等。为配合养老院服务质量建设专项行动，还专门制定了《养老院服务质量大检查指南》，检查条款涉及依法取得相应服务资质、配备适应服务需要的服务人员、规范服务管理、设施设备及物品要求、营造安全和舒适的服务环境、为自理老年人提供基础生活照料服务、为部分失能老年人提供基础生活照料服务、为失能老年人提供基础生活照料服务、提供安全营养均衡膳食服务、妥善处理突发事件等 22 项 115 个检查内容（指标）。

现在主要的问题是：第一，这些制度需要经常化和固定化，需要认真贯彻落实；第二，需要进一步细化监督检查指标和业绩考核指标，以便考量；第三，需要强化关于社会服务监督检查的基础研究，尤其是要把社会服务质量，包括养老服务质量是什么等弄清楚。

总　结

放眼中国整个社会政策领域，监督检查制度极不完善甚至缺乏，社会服务更不用说。红黄蓝幼儿园虐童事件、多地养老院虐待老人事件时有发生，养老院资金使用违规，检查流于形式等从各个侧面反映了社会服务监督检查制度的严重不足。因此，未来社会服务监督检查制度创设要立足国情，吸收英国、美国、北欧、捷克、新加坡等国家和地区以及中国香港和澳门特别行政区好的经验和做法，着力在以下几个环节上下功夫。第一，明确负责社会服务监督检查工作的政府机构。采取部门内监督检查，还是成立独立部门负责社会服务监督检查，或是由业务主管政府部门联合国家市场监督管理总局、审计署等部门开展监督检查工作，视具体情况而定。第二，出台社会服务监督检查和问责以及实施细则等一系列政策法规。第三，出台社会服务业绩管理框架和社会服务质量框架。第四，建立社会服务投诉机制、定期或不定期发布检查报告制度，定期公布统计数据，开展服务用户满意度调查。第五，引入和建立第三方评估、社会监督和服务用户评估多元化监督检查制度。

第十二章 社会服务制度建议框架

第一节 建立基本社会服务制度

一 目标和原理

1. 目标

(1) 在民主、文明、和谐的基础上,促进社会融合,增进社会服务对象的经济和社会福祉。

(2) 任何社会服务活动都应当尊重社会服务对象的自我决定,并保护他们的隐私。

(3) 优先考虑发展偏远农村、山区和高原地区的社会服务。树立统筹发展的观念,努力缩小区域社会服务差距。

(4) 通过提供社区照料、居家照料,或其他更少集中形式的照料,预防或减少不适当的机构照料。只有当社区照料、居家照料,或其他更少集中形式的照料不适用的时候,才在机构为个人提供社会服务(US Social Security Administration, 2019)。

2. 原理

(1) 国家应当按照维护服务对象的独立和尊严的方式,提供社会服务。应当保证服务对象能够获得所需的社会照料服务，并保证服务对象的生活不会被社会服务系统所取代。

（2）国家应当尽可能在每个地方，用公平、公开和一致的方式提供和资助社会服务。

（3）国家应当把社会服务、卫生、就业和社会保险、教育、社会住房或其他需求等整合在一起，满足每个个人的具体需求。

（4）社会服务应当是可利用的、可获得的、可负担的、布局合理的、整合的、持续不断的、有质量和结果定位的服务。

（5）社会服务工作人员应当受到良好的培训，具有从事社会服务工作的技能。

二 对象和资格

1. 社会服务对象

社会服务主要为以下人群提供一系列的照料和支持。

（1）老年人。

（2）残疾人，包括肢体残疾和智力残疾。

（3）存在精神健康问题的人，不仅仅是精神病人。

（4）药物滥用者、酗酒者和吸毒者。

（5）家庭，包括脆弱成年人、无家可归者、流浪乞讨人员、遭受家庭暴力者、被拐卖和强迫卖淫的妇女等社会救助对象。

（6）儿童支持、儿童照料、青少年越轨和犯罪。

（7）为以上人员提供服务的非正式照料者，主要指家庭成员和亲属等。

2. 资格认定

（1）社会救助对象，包括享受最低生活保障人员、低收入者和经济困难人员等。当他们有社会服务需求时，应当有资格获得。

（2）由于年龄、贫困、家庭瓦解、暴力、身体和精神残疾、健康状况恶化等，不能够自己照料自己，需要获得公共支持和援助的人有资格获得。

（3）针对不同的服务对象和服务项目，完善和编制不同的资格认定办法，完善和编制可操作性的申请手续/流程参考模本。

三　依赖等级评估

1. 评估依赖等级的指标

（1）准备食物，包括食物加工和安排进食量的能力。

（2）卫生和清洁，包括洗澡或淋浴、整理头发、修剪指甲和剃须等能力。

（3）起床、躺下和变换身体位置，包括坐立和保持坐立的能力、站立和保持站立的能力。

（4）行走，包括上下楼梯的能力。

（5）穿戴，包括选择衣服、识别其穿戴顺序、穿衣、脱衣、穿鞋、脱鞋能力。

（6）遵守医嘱，包括简单使用药品和服药的能力。

2. 依赖等级

等级一（轻度依赖）：需要日常援助，并符合上述评估依赖等级指标中的1个。

等级二（中度依赖）：需要日常援助，并符合上述评估依赖等级指标中的2个。

等级三（重度依赖）：需要日常援助，并符合上述评估依赖等级指标中的3个。

等级四（完全依赖）：需要日常援助，并符合上述评估依赖等级指标中的 4 个。

第二节　建立和完善社会服务行政制度

一　政府职责

（1）在国家经济和社会政策框架内协调和实施社会服务政策。政府应以更有效的行政工作，迎接人口变迁和需求变化的挑战。

（2）政府应当动员所需的财政资源，发展必要的人力资源，实施创新方案，以实现所确定的政策目标。

（3）明确中央政府和地方政府的责任、任务和分工。中央政府的职责主要是确定政府主管部门，制定政策和规划，向地方政府和社会服务机构提供资金，监督和管理地方政府和社会服务机构的社会服务活动。地方政府的职责是提供社会服务（包括资金供给、设施建设和服务项目提供等），监督和管理地方社会服务等。

二　明确社会服务行政主管机构

1. 中央政府社会服务行政主管机构

（1）建议在民政部成立社会服务局/社会福利和社会服务局，将民政部下属的事业单位中国福利中心升格为国家社会服务联会/国家社会服务理事会。其主要责任是制定和实施社会服务政策、法律、标准、教育和培训、监督管理。

（2）遵循循序渐进的原则，首先制定部门社会服务政策，然后出台社会服务条例，最后逐步过渡到社会服务法。

2. 地方政府社会服务行政主管机构

具体的社会服务业务则由各省、自治区和直辖市政府所属的民政局（厅）负责。每个民政局（厅）都有 5 个明确的功能（Moodie，2004）。

（1）负责社会服务的资金安排和使用。

（2）通过向那些最需要的个人和家庭提供服务设施、信息、咨询、照料和其他援助服务等，确保最有效地使用有限资源。

（3）确认地方社会服务对象的需求，采取一种或多种服务模式以满足这些需求。可以直接提供一些服务，也可以从服务商或初级群体那里购买服务。服务商可以是非政府组织（NGO），也可以是私营商，还可以是其他公共机构。

（4）地方民政部门监督管理社会照料，负责照料机构的登记和监督检查。

（5）确保社会服务人员得到有效培训。

三 建立社会服务财金制度

1. 财政拨款

（1）要在财政制度中建立社会服务科目，整合已有的社会服务财政项目。与全面建成小康相对应，社会照料服务的公共支出占 GDP 的比例，起点可以考虑确定为 0.5%。随着经济实力的不断增强，公共支出比例也要动态调整和提高，与基本实现现代化相对应，到 2035 年达到 1%。与建成现代化强国相对应，到 2050 年达到 1.5%，此后逐步提高比例。

（2）建立实行中央和地方两级财政制度，中央给予地方足够的自主权，中央根据各地经济发展水平给予不同数量的财政援助。在经济发达地区，以地方财政社会服务支出为主，中央财政援助为辅；在中等经济发达地区，地方财政社会服务支出与中央财政援助基本持平；在经济欠发达地区，中央财政援助要高于地方财政社会服务支出。

（3）中央预算可向以安排提供社会服务为目的并注册登记的社会服务提供者提供资金支持。社会服务兜底工程和中央财政支持社会组织参与社会服务项目有特色、有效果，应继续完善。

（4）建立年度社会服务财金统计和报告制度。

2. 收费

地方政府有权要求服务对象付费，地方政府可根据相关政策法规要求服务对象支付全部或部分费用。

（1）除了社会服务政策规定服务外，任何人，不管是个人还是他/她的配偶或子女，应当为接受到的服务和援助付费。对于社会服务规定提供的服务超出的费用，政府可以制定收费标准。

（2）地方政府可以就其规定的一些项目征收合理的费用，如为未成年人、老年人、残疾人、吸毒者等提供特殊形式的膳宿服务或者其他类似的社会服务。政府要核算这些收费的收入基础。

四 伙伴关系

1. 政府间合作

（1）国家社会服务政策的实施进度和效果取决于政府部门之间、中央政府和地方政府之间协调一致的行动。

（2）对社会服务工作有重要影响的其他公共机构，社会服务主管部门应该协助他们将社会问题纳入考虑范畴。如果对完成社会服务任务有利，社会服务主管部门应该和其他主管机构开展合作。

2. 与非政府组织合作

（1）各级政府要发挥主体责任，尽可能多地把贯彻和实施政策的机会留给市场，并对市场行为进行宏观调控和监管。

（2）国家社会服务政策的实施进度和效果也取决于与国际机构、工商企业、私营部门、非政府组织、老年人自己和老年人组织、志愿社会组织等有效合作。

（3）政府应动员个人、家庭和社区承担相应的责任，倡导公民关心自己的福利，并可能给予津贴。

（4）积极吸收社会资本进入，推动社会服务设施建设，拓宽服务供给渠道。

第三节 整合和完善社会服务设施和服务项目

一 照料津贴

1. 符合"照料津贴"的条件

（1）有资格获得社会服务的人。

（2）为有资格获得社会服务的人提供照料的监护人、家庭照料者及承担照料责任的初级群体等。

2. 津贴数额

（1）依据个人或家庭的经济状况确定津贴数额。

（2）根据依赖等级确定津贴数额。

（3）津贴由国家和地方预算支付。

3. 津贴程序

（1）为了确定津贴的给予，地方民政部门及其所属机构应进行相应的社会调查。该调查应从自我照顾和自我供给的角度出发，考虑个人在自然社会环境下独立生活的能力。

（2）民政部门及其所属机构，应向相关的部门发送任务，对个人依赖等级进行评估。相关部门应将个人依赖等级的评估结果，向民政部门及其所属机构提交。

（3）在对个人依赖等级进行评估时，民政部门应依据对该人社会调查的结果等给出其意见。

（4）津贴信息系统。民政部门为津贴信息系统的管理者，包括管理津贴受益人数据信息和津贴金额。

二　儿童和未成年人社会服务

1. 18岁以下的儿童和未成年人的社会服务

（1）应当为18岁以下有需求的儿童、未成年人及其家庭等提供适当的服务和早期干预服务，保证儿童和未成年人能够在一个安全和良好的环境下成长。

第一，维护和促进有需求的儿童的福利，促进家庭对这些儿童的抚育。

第二，便利其他机构（如志愿组织）提供服务。

第三，为残疾儿童，或健康和成长受损儿童提供服务。

第四，儿童照料服务。

第五，特别注意那些有不好发展苗头的儿童和未成年人。要与家庭密切合作，保证他们能获得需要的保护和帮助。

（2）应当为任何有需求的儿童和未成年人提供膳宿服务。

第一，当儿童没有家长照看、走失或被遗弃，当照料儿童的人被阻止向儿童提供适当的膳宿或照料服务，那么，地方政府应当提供膳宿服务。

第二，地方政府应当为治安防护，或拘留，或在押候审的儿童提供膳宿服务。

2. 主要服务设施

（1）儿童养育和照料设施。指为儿童提供主要的照料和膳宿的机构，包括幼儿园、社会福利院。

（2）寄养机构。

（3）依据《中华人民共和国收养法》规定的志愿收养机构和收养支持机构。

（4）康复设施。

（5）儿童中心、青少年中心等。

（6）未成年人救助保护中心/庇护所等。

3. 主要服务项目

（1）6岁以下儿童照顾服务。

第一，为6岁以下儿童提供家庭之外必要的日间照料服务、儿童看管和儿童早期教育。

第二，庇护照顾服务。为6岁以下因种种因素（例如家庭、行为或情绪问题）而暂时未能得到适当照顾的儿童提供寄宿照顾。

第三，特殊幼儿照顾服务。为6岁以下中度及重度残疾儿童提供特别的训练和照顾，以协助他们成长和发展，为他们接受小学教育做好准备。

第四，互助幼儿照顾服务。动员社区居民发扬邻里互助精神，以协助解决幼儿照顾需要，或为6岁以下幼儿提供弹性的邻里互助幼儿照顾服务。

（2）学龄儿童服务。

第一，校园社会服务。向被辨别为有辍学可能的学生提供服务，向表示有意要辍学或已经辍学的学生提供服务。

第二,督导服务。为不幸或表现出叛逆或危险行为的儿童与青少年提供服务。

第三,课外托管服务。为6~12岁有需求的学龄儿童提供课外或学年假期的日间照料服务或监督活动服务,包括功课辅导、膳食服务、家长辅导及教育、技能学习和其他社交活动等。

(3)儿童寄养和收养服务。

第一,地方政府提供的私人寄养服务。为18岁以下的儿童提供照料和膳宿服务。

第二,收养。根据《中华人民共和国收养法》所确定的儿童收养服务和国际收养合作服务。

(4)儿童保护和青少年犯罪诉讼保护。

第一,儿童保护服务。一是地方政府要为儿童提供紧急保护,要为处于风险中儿童提供庇护,防止、干预和纠正虐待和忽视儿童与家庭暴力。二是为家庭破裂或脱离父母管束的儿童提供所需要的照料和保护。三是地方政府要为失踪儿童、出逃儿童、流浪儿童、被拐卖儿童提供收留和照料服务。

第二,残疾儿童服务。为残疾儿童、存在精神问题和健康问题的儿童提供保护性服务。一是婴儿和儿童早期介入计划。早期介入计划通常为年龄在6岁以下,并且被诊断患有残疾或发展迟缓的孩童与他们的家人提供一系列的服务。二是学前儿童康复服务。主要包括早期教育及训练中心、特殊幼儿中心、设有住宿服务的特殊幼儿中心、残疾幼儿暂托服务等。三是残疾学龄儿童服务。为轻度弱智儿童提供儿童之家、住宿和暂时照顾服务。

第三,未成年人犯罪诉讼保护服务。一是为儿童出庭受审前提供所需要的照料、保护或控制。二是为交付给少年拘留所、少年犯教养院的儿童提供照料服务等。三是向与犯罪诉讼有关的未成年人提供保护服务。

三　老年人社会服务

1. 服务设施

（1）机构服务设施。

第一，各地政府应当为满足老年人的机构照料服务需求提供必要的社会福利院、养老院、护理院、疗养院、保护性住房、老年人活动中心等服务设施，以及针对慢性精神障碍患者、物质成瘾、老年痴呆症患者、临终关怀等提供专业性强的服务设施。

第二，对没有纳入地方政府规划的私立照料服务机构和院所予以优惠和监督。

（2）社区服务设施。

第一，老年人活动中心。

第二，日间服务中心/日间照料中心。

第三，社会康复服务中心等。

（3）居家服务设施。主要是针对方便居家生活的服务设施，如家庭病床、适老化改造设施、呼叫系统等。

（4）提供与社会服务有关的交通设施和援助服务。

2. 服务项目

（1）机构服务项目。

第一，为入住社会福利院、养老院、护理院、保护性住房、老年人活动中心等服务设施的老年人提供所需的生活照料、护理服务、康复服务、寄养照料服务等。

第二，疗养院服务。为因身体或患精神病症等而需要依赖别人照顾，但无法留在家里接受护理的老年人提供疗养服务。

第三，临终关怀服务。为处于生命最后阶段的老年人或患有复杂病症的末期病患提供临终关怀服务和护理服务等。

第四，为在公共和私立社会服务机构寄宿的人提供死后殡葬福利服务。

（2）社区服务项目。

第一，老年人活动中心。为老年人提供一个温暖、亲切和熟悉的环境以让他们在活动中心开放时随时前来。除了提供社交活动外，老年人活动中心还提供如交友、指导、咨询、建议和信息等服务。

第二，老年人日间托管中心。当照料者外出工作时，日间托管中心能给予老年人监护服务和帮助，同时为他们提供社交娱乐活动和餐饮服务。

第三，集体供餐服务。

第四，日间康复服务。为在出院后需要跟进护理，或受中风、风湿、截肢、老年痴呆症及身体脆弱等病情影响的体弱老年人提供看管和康复服务。

第五，老年痴呆症日间服务中心。为患有失智症（老年痴呆症）的老年人提供日间看管和康复服务。

第六，社区/庇护性收容所。专门照顾没有亲人或因某些原因无法与家人同住、能走动但体弱的老年人。

第七，邻里互助服务。

（3）居家服务项目。

主要包括探视和咨询服务、阅读服务、居家送餐服务、与健康相关的家庭卫生服务、应急援助、服务热线等。

四 残疾人社会服务

1. 服务机构

（1）社会福利院、护理院、疗养院、收容所、保护性住房、残疾人活动中心等。

（2）残疾人托养服务机构，包括综合性托养服务机构、寄宿制托养服务机构、日间照料中心等。

（3）残疾人康复机构等。

2. 服务项目

（1）向残疾人提供某些信息服务和福利服务等。

（2）为入住社会福利院、疗养院、护理院、收容所、保护性住房、残疾人活动中心等服务设施的残疾人提供所需的生活照料、护理服务、康复服务、寄养照料服务等。

（3）为身体残疾人提供居家和社区服务。服务项目包括居家援助、娱乐设施、膳食服务、通信和交通服务、阅读服务、送餐服务、社区日间照料服务、社区康复服务等。

（4）为盲人和聋人提供必要的服务。为有严重听力、视力、语言残疾的人提供解释服务。

（5）为智障残疾人和精神病康复者提供日间训练或职业康复服务、照料服务、社区支持服务。

（6）日间活动中心/独立生活培训中心。这类中心为有低度至中度活动障碍的残疾人提供日间活动，同时通过传授日常生活与群体生活等技能增强他们的独立性。日间活动中心也提供临时看护。

3. 为残疾人提供福利/庇护性就业服务

（1）职业培训计划，为残疾人提供职业技能培训以帮助他们做好就业准备。

（2）职业评估服务，鉴定残疾人就业需求以及他们是否适合进入就业市场。

（3）庇护性就业为有潜能与有能力进入公开就业市场的残疾人提供模拟工作环境。

（4）向残疾人提供能够在特殊条件下就业和工作的设施。

五 其他社会服务

1. 精神病人社会服务

（1）完善、优化和增加精神疾病福利服务机构。

（2）为精神错乱者提供福利、康复和膳宿服务。包括精神错乱者的福利和监护、某些住院病人的福利和病后护理等。

（3）地方政府的社会服务管理部门针对精神病人安排探视工作。

（4）地方政府的社会服务管理部门要与相关志愿机构合作，为病人提供照料之后的服务。

2. 酗酒者和吸毒者的特殊社会服务

（1）地方政府有责任建立、完善和运营专业服务，护理和治疗酗酒者和吸毒者。地方政府要为酗酒者提供必要的社会服务设施，合理布局、完善和增加必要的强制戒毒所和社区戒毒（康复）指导站点。

（2）帮助。

第一，通过提供劝告和指导等一系列服务，帮助个人停止酗酒和吸毒。劝告、指导和帮助应该同样给予存在类似问题的家庭。

第二，在必要的情况下，在病人希望的情况下，开设治疗课程，治疗课程应该与初级卫生服务等合作。

第三，在方便的时候通过治疗课程追踪病人，必要时进行家访和探视。

（3）社区服务。为酗酒者提供社区矫治服务，为吸毒者提供社区戒毒服务。

（4）强制服务。为酗酒者提供强制戒酒服务，为吸毒者提供强制戒毒服务。

3. 流浪者和无家可归者服务

（1）完善和优化社会救助中心和生活无着人员救助管理站等社会服务设施。

（2）为无家可归者和面临无家可归威胁的人提供必要的膳宿服务。

（3）为流浪者、无家可归者和面临无家可归威胁的人提供必要的咨询、心理疏导、卫生清洁、技能培训等服务。

4. 家庭服务

（1）单亲家庭援助服务。目的是提高单亲家庭的心理健康水平。

（2）家庭暴力预防和干预服务。帮助家庭暴力的受害者减少心理等受伤害的程度，同时也通过公共教育提高公众对家庭暴力问题的意识。

（3）预防自杀服务。为有自杀倾向人员提供热线辅导、紧急救助和实地援助等服务。

（4）改过自新的个案管理服务。帮助有犯罪前科的人员重新融入家庭与社会，并利用更多的社区资源来帮助他们找工作和就业培训、增强生活信心和能力。

5. 针对初级照料者的社会服务

（1）初级照料者，也叫非正式照料者，主要指向服务对象提供照料服务的家庭成员、监护人、亲戚和朋友、邻里等初级群体照料人员。

（2）照料津贴。

第一，对请假照料孩子的父母给予津贴。

第二，对照料成年人的照料者给予津贴。

第三，临终病人的照料。一个人照料有紧密血统（或婚姻）关系、希望死在他/她自己家中的人，应被给予照料津贴。

第四，对于请假照料社会服务对象的在职人员，应当合理确定他们的津贴标准和假期时间；对于照料社会服务对象的失业人员，应当合理确定他们的津贴标准。

（3）面向照料者的服务。

第一，缓解照料。专门帮助那些常年照顾儿童、残疾人或者高龄老人等服务对象的家庭照料者。当这些家庭的成员外出工作、度假或者做其他事时，就为他们提供缓解服务。服务的场所是家庭或者其他地点。服务可以按日提供，也可以提供按月计算的短期服务。通过缓解照料服务，被照料者可以获得替代照料者的其他人员的临时服务。

第二，培训服务。向照料者提供必要的照料技能培训。

6. 农村、山区和高原地区社会服务

（1）用公平、公开和一致的方式为农村、山区和高原地区提供可利用的、可获得的、可负担的、综合的和有质量的社会服务。

（2）加大对农村、山区和高原地区发展社会服务的财政支持力度。

（3）在农村、山区和高原地区建设所需要的社会服务设施，并根据需要和环境特点合理布局。

（4）为农村、山区和高原地区提供所需要的社会服务项目。开

发如互助照料服务等适宜的服务项目。

（5）为农村、山区和高原地区培育社会服务人才和服务队伍，为他们提供必要的服务设备。在福利待遇和培训上增加优惠条件。

（6）因地制宜拓宽服务供给的渠道，形成政府直接提供服务和购买服务、集中提供服务和分散提供服务、集体供给与自助服务和互助服务的最佳组合。

（7）加强对农村、山区和高原地区社会服务的引导、管理和监督。

第四节 管理和监督检查

一 社会服务从业者管理和培训

1. 社会服务从业者

（1）社会服务从业者指从事相关社会服务工作的人员。社会服务中的职业服务活动应由照料者、社会工作者、健康服务工作者、教学人员等构成。

（2）社会照料工作者的认定。

第一，符合地方政府意图的社会服务从业者。

第二，向服务对象提供个人社会照料服务的人员、受雇于日间照料中心的人员等。

第三，具备一定技能，希望成为社会服务从业者的人员。

2. 教育和培训

（1）国家制定社会服务教育和培训的管理办法和标准。

第一，推进社会服务专业教育体系建设，加快培养医学、康复、护理、营养、心理和社会工作、经营管理、康复辅具配置等人才。

第二，建立以品德、能力和业绩为导向的职称评价和技能等级评价制度，拓宽社会服务专业人员职业发展空间，推动各地保障和逐步提高从业人员薪酬和待遇。

第三，建立正规和非正规的社会支助制度，通过培训、信息、心理、经济、社会和立法机制支持社会服务从业者。

（2）实施培训计划。

第一，为社会服务从业者量身定制教育和培训计划。

第二，为社会服务从业者提供相关信息和培训项目。

第三，为社会服务从业者提供适当的工作条件和报酬。

第四，大力加强社会服务从业人员继续教育，积极引导学生从事社会服务业。

第五，对各级社会服务工作机构的人员定期开展政策和相关知识培训。

（3）继续教育。

第一，继续教育的教育机构和教育项目主要由教育部、民政部、人力资源和社会保障部共同确定，并在大学、高等职业学校、法人及个人性质的教育机构中开展。

第二，继续教育的形式主要包括大学及高等职业学校安排的专业性教育及专业实践、参与认定的课程、在社会服务机构实习、参与训练等。

二 社会服务机构的管理

1. 登记注册

（1）填写书面登记申请。

（2）提供社会服务的自然人所具有的全部专业技能。

（3）卫生条件。

（4）社会服务提供场所或建筑的所有权证明。

（5）与社会服务提供类型相匹配的物质和技术条件安排。

（6）作为登记机构的自然人和法人资产没有破产的事实裁定，或由于缺少资金导致申请破产或重组的书面材料。

（7）在开始提供社会服务之前，社会服务提供者对在提供社会服务过程中所可能造成的损害建立损害责任保险制度，保险应当贯穿整个社会服务提供全过程。

2. 提供社会服务的私人机构

（1）许可。经社会服务政府管理机构的许可，公司、企业、社团、基金会或者个人可以提供以下形式的专业服务。

第一，住宿型照料机构。

第二，政府规定的特殊形式的住宿设施。

第三，全日制照料之外的照料机构。

第四，夜间或日间非寄宿型照料服务。

（2）资格。

第一，只有当上述服务符合高质安全的标准，才能获得许可。

第二，如果服务内容改变，或完全或在很大程度上重新调整了，则要重新申请许可。

（3）政府采取财政补贴、税收和用地优惠、购买服务等措施，鼓励和支持非公共社会服务机构的发展，以弥补公共社会服务机构的不足。

（4）没有纳入地方政府规划的私立护理机构、服务机构和院所。

第一，对于他们的建筑和装备、管理人员和雇员素质等问题，要求这些机构和院所服从监督管理。

第二，如果发现监管下的机构或院所运营不善，可以下令整顿或停业。

第三，如果社会服务私人机构和院所希望给予运营，但是没有纳入地方政府合作规划的机构和院所财政支持，或者使用正在运营的机构和院所提供部分护理和服务，必须依据相关法规全程监控，保证其正常运营。

三 监督检查

1. 中央政府职责

（1）民政部要联合相关国家部门制定管理监督检查的规则。

（2）成立监督检查机构。第一种方案，民政部联合国家市场监督管理总局及其所属的国家认证认可监督管理委员会和国家标准化管理委员会负责监督社会服务。第二种方案，在民政部成立全国社会照料质量管理委员会，负责监督检查社会服务。

2. 地方政府职责

（1）监督事项。

第一，对社会服务中有关法律保护和社会事项的监督。

第二，要确保援助符合服务目标。

第三，对照料设施、设施中的工作人员、设施情况和资金进行监督。

第四，对各类照料设施和场所每年至少探访一次。

（2）地方民政部门和相关政府部门要关注地方社会服务执行情况。

第一，向公众提供社会服务的信息和建议。

第二，帮助社会服务机构提高服务咨询能力。

第三，鼓励政府和其他公共机构在社会福利领域展开合作。

第四，地方规划要保证能够满足照料机构以及特殊形式服务设施的未来发展需要。

（3）监督社会服务活动中发生的虐待事件，及时采取必要的措施予以纠正。

（4）建立投诉机制、信息反馈机制和服务信息传播机制。

3. 监督

（1）编制社会服务监察制度。把它作为监管和评估社会服务机构的重要文件。

第一，社会服务机构每年须向民政部门提交自我评估报告，陈述其对检查制度的执行情况以及尚未达标之处的改进计划。

第二，统计报告。

第三，评估探访。民政部门除了审查社会服务机构提交的报告和数据，也会以抽查的方式对机构进行评估，以了解服务单位遵守政策法规的情况。

第四，实地评估。对于新成立的社会服务机构或疑似有服务问题的社会服务机构，民政部门会在通知或不做事前通知的情况下进行实地评估。

（2）监察依据。可分为基本要求、服务规章制度、服务量和服务结果四方面。

第一，基本要求主要包括职员资历、所需设备和器材、遵守服务程序的要求、开放时间等。

第二，服务规章制度包括服务程序资料、人力资源、财务管理、法律保护、安全、评估措施、保密措施、知情权、意见收集和投诉机制等。

第三，服务量指服务对象的数量、服务机构入住率、服务计划完成率等衡量每类服务的一些基本服务业绩指标。

第四，服务结果泛指服务的成效，包括服务使用者在获得服务后的评价和满意度等。

（3）问责。各类社会服务机构都需要以年报的形式向政府、机构管理部门和社会公众陈述业绩。

4. 检查

（1）检查要求。

第一，要对社会服务提供场所进行检查。

第二，政府要积极邀请专家参与检查，提高检查的专业水平。

第三，要根据检查结果提交检查报告。

（2）检查依据。

第一，制定社会服务质量管理办法，并以此进行检查。是否符合社会服务质量管理办法要以定量和定性相结合的方式进行评估。

第二，编制社会服务业绩管理框架，并以此进行检查。

5. 保密

（1）各级政府、各级社会服务工作人员、任何参与社会服务的机构都必须遵守《中华人民共和国保密法》规定的保密条款。

（2）民政部门在其活动中获得的大量信息和汇总数据，可以用于科研、出版和教学活动，但数据信息中应不含有具体的个人身份信息。

（3）各级社会服务工作人员要对其在工作中获得的社会服务对象和津贴享有者的个人数据进行保密。

（4）保密条款对社会服务提供者和受邀参与检查的专家同样适用。

参考文献

中文文献

澳门社会工作局（2018）．2016 年工作报告．http://www.ias.gov.mo/wp-content/uploads/file/ias_report_2016.pdf.

澳门社会工作局（2019）．关于本局：历史回顾．http://www.ias.gov.mo/ch/about-swb/development-history/development-history.

财政部（2017）．2017 中国财政年鉴．北京：中国财政杂志社．

财政部（2018）．关于下达 2018 年社会服务兜底工程中央基建投资预算（拨款）的通知．http://jjs.mof.gov.cn/zxzyzf/jjzc/201805/t20180508_2887239.html.

陈丽平（2013）．公安部落实审议意见，研究毒驾案件法律适用问题．法制日报，1 月 4 日．

国家禁毒委员会办公室（2017）．2016 年中国毒品形势报告．中国禁毒报，3 月 20 日．

国家统计局（2017）．中华人民共和国 2017 年国民经济和社会发展统计公报．北京：中国统计出版社．

国家统计局（2018）．2017 年中国统计年鉴．北京：中国统计出版社.

国家卫生健康委员会（2017）．卫生计生委就我国心理健康工作有关情况举行发布会．http：//www.gov.cn/xinwen/2017-04/07/content_5184068.htm#allContent.

蒋欣（2017）．我国累计收治强制隔离戒毒人员113万多人．中国青年报，6月21日．http：//news.sina.com.cn/c/2017-06-21/doc-ifyhfpat5680041.shtml.

教育部（2018a）．关于政协十二届全国委员会第五次会议第0264号（教育类032号）提案答复的函（摘要）．http：//www.moe.gov.cn/jyb_xxgk/xxgk_jyta/jyta_jijiaosi/201806/t20180611_339136.html.

教育部（2018b）．关于政协十二届全国委员会第五次会议第0641号（教育类071号）提案答复的函（摘要）．http：//www.moe.gov.cn/jyb_xxgk/xxgk_jyta/jyta_jijiaosi/201806/t20180611_339120.html.

教育部（2018c）．关于政协十二届全国委员会第五次会议第1761号（教育类169号）提案答复的函（摘要）．http：//www.moe.gov.cn/jyb_xxgk/xxgk_jyta/jyta_jijiaosi/201806/t20180611_339119.html.

敬乂嘉（2011）．社会服务中的公共非营利合作关系研究——一个基于地方改革实践的分析．公共行政评论，第5期：5-25.

交通银行金融研究中心（2017）．我国人均国民收入或2035年前达到高收入国家中等水平．上海证券报，12月20日．

李兵（2011）．国外社会服务发展历程及其启示．中国民政，第3期：24-27.

李兵（2013）．社会服务：生命进程观点的政策分析．武陵学刊，第5期：47-51.

李兵（2016a）．社会服务政策属性及构建的探索分析．社会发展研究,第 2 期:138 – 155.

李兵(2016b). 社会服务领域政策理论构建初探. 北京行政学院学报,第 4 期:93 – 98.

李兵(2017). 政策体制理论的架构及其对社会服务的意义. 中共福建省委党校学报. 第 5 期:53 – 60.

李兵(2018). 公共政策治理框架的建构及其在社会服务领域的运用. 行政论坛,第 1 期:43 – 49.

李兵、庞涛(2015). 欧洲自愿社会服务质量框架的政策和理论分析及其在中国运用的前景展望. 社会福利(理论版),第 8 期:12 – 17.

李兵、吴子攀(2019). 政策业绩考核:结果框架构造和结果指标选择探析. 中共福建省委党校学报,第 2 期:95 – 103.

李兵、陈谊、胡文琦(2014). 社会政策框架下的社会服务:模型建构和政府职责. 北京行政学院学报,第 5 期:89 – 95.

李兵、李邦华、孙文灿(2019). 国家层面养老服务结果框架构建初探. 江苏社会科学,第 1 期:50 – 58.

李兵、张航空、陈谊(2015). 基本养老服务制度建设的理论阐释和政策框架. 人口研究,第 2 期:91 – 99.

李海荣、李兵(2012). 香港社会服务研究. 李兵主编. 社会服务研究. 北京:知识产权出版社,2012.

林闽钢(2013). 我国社会服务管理体制和机制研究. 华中师范大学学报(人文社会科学版),第 3 期:35 – 40.

林闽钢、梁誉(2016). 社会服务国家:何以可能与何以可为. 公共行政评论,第 5 期:111 – 125.

民政部(2017). 2017 中国民政统计年鉴. 北京:中国统计出版

社.

民政部 (2018). 2018 年中央财政支持社会组织参与社会服务项目立项名单的通知. http://www.mca.gov.cn/article/xw/tzgg/201805/20180500008963.shtml.

司法部 (2018). 司法部 2018 年部门预算. http://www.moj.gov.cn/government_public/content/2018-04/13/141_18176.html.

温颖娜 (2011). 香港社会工作管窥之三:评估与问责. 社会工作(实务版), 第 4 期: 56.

香港社会福利署 (2001). 服务质素标准 (标准) 及准则. https://www.swd.gov.hk/doc_sc/ngo/1-SQS.pdf.

香港社会福利署 (2011). 服务表现监察制度. https://www.swd.gov.hk/tc/index/site_ngo/page_serviceper/.

香港社会福利署 (2017). 社会福利服务统计数字一览. https://www.swd.gov.hk/storage/asset/section/296/sc/SWMRS_Annual_Report_2017_TC_Final.pdf.

香港社会福利署 (2018). Head 170—Social Welfare Department. https://www.swd.gov.hk/storage/asset/section/207/en/2018-19_Estimates_of_Expenditure_(English_Version).pdf.

岳经纶 (2010). 个人社会服务与福利国家:对我国社会保障制度的启示. 学海, 第 4 期: 60-65.

岳经纶、邓智平 (2014). 国家治理现代化离不开社会政策. 中共浙江省委党校学报. 第 5 期: 17-22.

岳经纶、郭英慧 (2013). 社会服务购买中政府与 NGO 关系研究——福利多元主义视角. 东岳论丛, 第 7 期: 5-14.

翟振武、陈佳鞠、李龙 (2017). 2015~2100 年中国人口与老龄化变动趋势. 人口研究, 第 4 期: 60-71.

中国残疾人联合会 (2012). 2010 年末全国残疾人总数及各类、不同残疾等级人数. http://www.cdpf.org.cn/sjzx/cjrgk/201206/t20120626_387581.shtml.

中国残疾人联合会 (2018). 2017 年中国残疾人事业发展统计公报. http://www.cdpf.org.cn/zcwj/zxwj/201804/t20180426_625574.shtml.

译著

保罗·A. 萨巴蒂尔 (2004). 彭宗超、钟开斌等译. 政策过程理论. 北京: 三联书店.

古斯·范·毕克 (2015). 社会服务部门的质量管理方法: 范式转变. 社科纵横, 第 10 期: 58-63.

B. 盖伊·彼得斯 (2011). 王向民、段红伟译. 政治科学中的制度理论: "新制度主义". 上海: 上海世纪出版集团.

哈特利·迪安 (2009). 岳经纶、温卓毅、庄文嘉译. 社会政策学十讲. 上海: 格致出版社.

H. K. 科尔巴奇 (2005). 张毅、韩志明译. 政策. 长春: 吉林人民出版社.

马克思 (1975). 中央编译局译. 资本论. 北京: 人民出版社.

布莱恩·芒迪 (2011). 欧洲社会服务: 特点与趋势. 李兵、张恺悌、何珊珊主编. 社会服务. 北京: 知识产权出版社.

詹姆斯·米奇利 (2009). 苗正明译. 社会发展: 社会福利视角下的发展观. 上海: 格致出版社/上海人民出版社.

英文文献

Adams, A., & Shardlow, S. M. (2005). The Construction of Social

Work in England—A Critical Review. In P. Erath, J. Keller & B. Littlechild (eds.). *Demand Reconstruction in European Social Work*. Stassfurt: ISIS.

Adult Social Care Statistics, NHS Digital (2016a). Personal Social Services: Expenditure and Unit Costs England 2015-16. London: Health and Social Care Information Centre, UK. https://files. digital. nhs. uk/publicationimport/pub22xxx/pub22240/pss-exp-eng-15-16-fin-rep. pdf.

Adult Social Care Statistics, NHS Digital (2016b). Community Care Statistics: Social Services Activity, England, 2015-16. London: Health and Social Care Information Centre, UK. https://assets. publishing. service. gov. uk/government/uploads/system/uploads/attachment_data/file/557852/comm-care-stat-act-eng-2015-16-rep. pdf.

Albinski, Marian (1986). Policy-Oriented Theories. *Knowledge: Creation, Diffusion, Utilization*, Vol. 8 (1): 154-166.

Alcock, P. (2003). *Social Policy in Britain*. Basingstoke: Palgrave.

Aldaba (2017). Children's Services: Spending, 2010-11 to 2015-16. London: Aldaba Limited. https://assets. publishing. service. gov. uk/government/uploads/system/uploads/attachment_ data/file/662767/LA_ expenditure_ Childrens_ Services_ Update. pdf.

Amara, Roy C. (1972). Toward a Framework for National Goals and Policy Research. *Policy Sciences*, Vol. 3 (1): 59-69.

Antonnen, A. & Sipila, J. (1996). European Social Care Services: Is It Possible to Identify Models? *Journal of European Social Policy*, Vol. 6 (2): 87-100.

Baugh, William Ellis (1983). *Introduction to Social Services*. London: Macmillan.

Bengtson, Vern L., Rice, Cara J. & Johnson, Malcolm L. (1999). Are Theories of Aging Important? Models and Explanations in Gerontology at the Turn of the Century. In Vern L. Bengtson and K. W. Schaie (eds.). *Handbook of Theories of Aging*. New York: Springer Publishing Company.

Bennett, C. & Howlett M. (1992). The Lessons of Learning: Reconciling Theories of Policy Learning and Policy Change. *Policy Sciences*, Vol. 25 (3): 275-294.

Bevir, Mark (2009). *Key Concepts in Governance*. London: SAGE Publications Ltd.

Bevir, Mark (2011). Governance as Theory, Practice, and Dilemma. In Mark Bevir (ed.). *The SAGE Handbook of Governance*. London: SAGE Publications Ltd.

Bullain, Nilda & Panov, Luben (2012). A Handbook on Non-State Social Service Delivery Models. Bratislava, Hungary: The UNDP Regional Bureau for Europe and the Common Wealth of Independent States. http://ecnl.org/dindocuments/416_UNDP-ECNL_Handbook%20on%20social%20contracting_2012.pdf.

Cairney, Paul (2012). *Understanding Public Policy*. London: Palgrave Macmillan.

Care Quality Commission (CQC), UK (2015). Quality Strategy for Adult Social Care. https://www.england.nhs.uk/wp-content/uploads/2015/12/nqb-oct15-1.pdf.

Care Quality Commission (CQC), UK (2017). The State of Adult Social Care Services 2014 to 2017. https://www.cqc.org.uk/sites/default/files/20170703_ASC_end_of_programme_FINAL2.pdf.

Carver, John & Carver, Miriam (2001). Carver's Policy Governance? Model in Nonprofit Organizations. This Article Was Originally Published as "Le modèle Policy Governance et les organismes sans but lucratif" in the Canadian Journal Gouvernance-revue internationale, Vol. 2 (1): 30 – 48. http://www.policygovernance.com/pg-np.htm.

Centers for Disease Control and Prevention National Center for Health Statistics (CDC), U.S. Department of Health & Human Services (2016). Long-Term Care Providers and Services Users in the United States: Data From the National Study of Long-Term Care Providers, 2013 – 2014. https://www.cdc.gov/nchs/data/series/sr_03/sr03_038.pdf.

Centers for Medicare & Medicaid Services (CMS), U.S. Department of Health & Human Services (2015). Nursing Home Data Compendium 2015 Edition. https://www.cms.gov/Medicare/Provider-Enrollment-and-Certification/CertificationandComplianc/Downloads/nursinghomedatacompendium_508 – 2015.pdf.

Cerna, Lucie (2013). The Nature of Policy Change and Implementation: A Review of Different Theoretical Approaches. OECD, 2013. https://www.oecd.org/edu/ceri/The%20Nature%20of%20Policy%20Change%20and%20Implementation.pdf.

Charbit, Claire (2011). Governance of Public Policies in Decentralised Contexts: The Multi-level Approach. OECD Regional Development

Working Papers, 2011/04, OECD Publishing. http://dx. doi. org/10. 1787/5kg883pkxkhc-en.

Christiansen, Jesper & Bunt, Laura (2012). Innovation in Policy: Allowing for Creativity, Social Complexity and Uncertainty in Public Governance. Nesta. https://www. nesta. org. uk/documents/937/innovation_ in_ policy_ RgbLJKC. pdf.

Cohen-Vogel, L. & McLendon, M. K. (2009). New Approaches to Understanding Federal Involvement in Education. In D. Plank, G. Sykes, and B. Schneider (eds.). *Handbook of Education Policy Research. A Handbook for the American Educational Research Association.* Mahwah, NJ: Lawrence Erlbaum.

Colebatch, H. K. (2009). *Policy.* New York: McGraw-Hill.

Czech Ministry of Labour and Social Affairs (2002). Standards for Quality in Social Services. https://www. mpsv. cz/files/clanky/2057/standards. pdf.

Denmark Ministry of Social Affairs and the Interior (2016). Social Policy Report—In Brief 2016. http://english. sm. dk/media/18459/social-policy-report-in-brief – 2016. pdf.

Dinitto, Diana M. & Johnson, David H. (2012). *Essentials of Social Welfare.* New Jersey: Pearson Education, Inc.

Eisner, Marc Allen (1993). *Regulatory Politics in Transition.* Baltimore: Johns Hopkins University Press.

Enroth, Henrik (2011). Policy Network Theory. In Mark Bevir (ed.). *The SAGE Handbook of Governance.* London: SAGE Publications Ltd.

Epstein, William M. (2002). *American Policy Making: Welfare as Ritu-*

al. Lanham: Rowman & Littlefield Publishers, Inc.

European Platform for Rehabilitation (EPR) (2010). Common Quality Framework for Social Services of General Interest. Brussels. http://www.equass.ee/public/CWA_Common_Quality_Framework_for_Social_Services_of_General_Interest.pdf.

Freeman, H. E. & Sherwood C. C. (1970). *Social Research and Social Policy.* Englewood Cliffs, NJ: Prentice-Hall.

Fultz, Elaine & Tracy, Martin (eds.) (2004). *Good Practices in Social Services Delivery in South Eastern Europe.* Budapest: International Labour Organization.

Gagnon, Francois & Kouri, Denise (2012). Integrated Governance and Healthy Public Policy: Two Canadian Examples. National Collaborating Centre for Healthy Public Policy. https://www.ncchpp.ca/docs/Integrated_governance_AN.pdf.

Gal, John & Madhala-Brik, Shavit (2016). Public Spending on Social Welfare. The Taub Center for Social Policy Studies, Israel. http://taubcenter.org.il/wp-content/files_mf/welfareexpenditure.pdf.

Gallhofer, I. N. & Saris, W. E. (1979). Strategy Choices of Foreign Policy Decision Makers. *Journal of Conflict Resolution*, Vol. 23 (3): 425–445.

Hall, P. (1993). Policy Paradigm, Social Learning, and the State: The Case of Economic Policy Making in Britain. *Comparative Politics*, Vol. 25 (3): 275–296.

Harris, R. A. & Milkis, S. M. (1996). *The Politics of Regulatory Change: A Tale of Two Agencies.* New York: Oxford University

Press.

Heywood, A. (2003). *Political Ideologies: An Introduction.* Basingstoke: Palgrave.

Hill, Michael (1997). *The Policy Process in the Modern State.* London: Prentic Hall/Harvester Wheatsheaf.

Hill, Michael (ed.) (2000). *Local Authority Social Services.* Oxford: Blackwell Publishers.

Hill, Michael & Hupe, Peter (2002). *Implementing Public Policy: Governance in Theory and in Practice.* London: SAGE Publications.

Hogan, John & Howlett, Michael (eds.) (2015). *Policy Paradigms in Theory and Practice.* London: Palgrave Macmillan.

Hogwood, B. W. & Gunn, L. A. (1984). *Policy Analysis for the Real World.* Oxford: Oxford University Press.

Holst, Erik & Ito, Hirobumi (1982). Denmark. In Merl C. Hokenstad, Jr. & Roger A. Ritvo (eds.). *Linking Health Care and Social Services.* London: Sage Publication.

Hoogerwerf, Aandries (1990). Reconstructing Policy Theory. *Evaluation and Program Planning*, Vol. 13: 285 – 291.

Howlett, Michael (2009). Governance Modes, Policy Regimes, and Operational Plans: A Multilevel Nested Model of Policy Instrument Choice and Policy Design. *Policy Sciences*, Vol. 42 (1): 73 – 89.

Howlett, Michael, Ramesh, M. & Perl, Anthony (2009). *Studying Public Policy.* Oxford: Oxford University Press.

Israel Ministry of Foreign Affairs (2018). Israel at 70: A Statistical Glimpse. http://mfa.gov.il/MFA/AboutIsrael/Spotlight/Pages/Israel-at－70－A-statistical-glimpse－15－April－2018. aspx.

Jagdish（ed.）（2004）. *Social Welfare in the 21th Century.* New Delhi: Akansha Publishing House.

Jacobson, Louis（2013）. Does the Catholic Church Provide Half of Social Services in the U. S. ? http://www. politifact. com/truth-o-meter/statements/2013/mar/19/frank-keating/does-catholic-church-provide-half-social-services-/.

Jansson, Bruce S.（2008）. *Becoming an Effective Policy Advocate: From Policy Practice to Social Justice.* Belmont: Brooks/Cole.

Jenkins, Richard（2007）. The Meaning of Policy/Policy as Meaning. In Susan M. Hodgson and Zoë Irving（eds.）. *Policy Reconsidered Meanings, Politics and Practices.* UK: The Policy Press.

Jochim, Ashley E. & May, Peter L.（2010）. Beyond Subsystems: Policy Regimes and Governance. *Policy Studies Journal*, Vol. 38（2）: 303－327.

Kahn, Alfred J.（1979）. *Social Policy and Social Services.* New York: Random House.

Kahn, Alfred J. & Sheila B. Kamerman（1980）. *Social Services in International Perspectives: The Emergence of the Sixth System.* New Brunswick: Transaction Books.

King, Adam（2014）. Adoption Agencies Quality Assurance and Data Forms 2012－13. London: Ofsted, UK. http://www. ofsted. gov. uk/resources/20130022.

King, Adam（2017）. Children's Social Care in England 2017. London: Ofsted, UK. https://www. gov. uk/government/publications/childrens-social-care-data-in-england – 2017/childrens-social-care-data-in-england – 2017 – main-findings.

King, Adam (2018). Fostering in England, 2016 – 17. London: Ofsted, UK. https://www.gov.uk/government/publications/fostering-in-england – 1 – april – 2016 – to – 31 – march – 2017/fostering-in-england – 2016 – to – 2017 – main-findings.

Kingdom, J. W. (1997). *Agenda, Alternative, and Public Policy*. New Jersey: Pearson Education Limited.

Klijn, Erik Hans (2012). New Public Management and Governance: A Comparison. In David Levi-Faur (ed.). *The Oxford Handbook of Governance*. Oxford: Oxford University Press.

Knill, Christoph & Tosun, Jale (2012a). *Public Policy*. London: Palgrave Macmillan.

Knill, Christoph & Tosun, Jale (2012b). Governance Institutions and Policy Implementation in the European Union. In Jeremy Richardson (ed.). *Governance Institutions and Policy Implementation in the European Union*. Oxford: Oxford University Press.

Leeuw, F. L. (1983). *Population Policy and Reproductive Behavior: A Study of Theories on Behavior Underlying Policy*. Leyden: University of Leyden.

Leeuw, F. L. (1991). Policy Theories, Knowledge Utilization, and Evaluation. *Knowledge and Policy: The International Journal of Knowledge Transfer*, Fall, Vol. 4 (3): 73 – 91.

Levin, P. (1997). *Making Social Policy: The Mechanisms of Government and Politics, and How to Investigate Them*. Buckingham, Open

University Press.

Lynch, Karen E. (2013). Social Services Block Grant: Background and Funding, Congressional Research Service. https://www.fas.org/sgp/crs/misc/94-953.pdf.

Macrory, Ian (2010). Social Protection. London: Office for National Statistics, UK. http://www.nationalarchives.gov.uk/doc/opengovernment-licence/.

May, Peter J. & Jochim, Ashley E. (2013). Policy Regime Perspectives: Policies, Politics, and Governing. *Policy Studies Journal*, Vol. 41 (3): 426-452.

McGuinn, P. J. (2006). *No Child Left Behind and the Transformation of Federal Education Policy, 1965-2005*. Lawrence: University Press of Kansas.

Moodie, Margaret (2004). England: Social Services. In Elaine Fultz and Martin Tracy (eds.). *Good Practices in Social Services Delivery in South Eastern Europe*. Budapest: International Labour Office.

Muhammad, Fadel (2014). Leadership, Governance and Public Policy Implementation Competencies in the Broader Public Sector. *European Journal of Business and Management*, Vol. 6 (36): 66-73.

Munday, B. (2007). *Integrated Social Services in Europe*. Strasbourg Cedex: Council of Europe Publishing.

Newig, Jens & Koontz, Tomas M. (2014). Multi-level Governance, Policy Implementation and Participation: the EU's Mandated Participatory Planning Approach to Implementing Environmental Policy. *Journal of European Public Policy*, Vol. 21 (2): 248-267.

O'Connor, Mary Katherine & Netting, F. Ellen (2011). *Analyzing Social Policy*. Hoboken: John Wiley & Sons, Inc.

Office for Public Management Ltd. (OPM) & The Chartered Institute of Public Finance and Accountancy (CIPFA) (2004). The Good Governance Standard for Public Services. The Independent Commission on Good Governance in Public Services. https://www.cipfa.org/~/media/files/publications/reports/governance_standard.pdf.

Office for Standards in Education, Children's Services and Skills (Ofsted), UK (2017). Social Care Common Inspection Framework (SCCIF): Children's Homes. https://assets.publishing.service.gov.uk/media/5c9b837040f0b633fc95f7a9/SCCIF_children_s_homes.pdf.

Office of Child Care, U.S. Department of Health & Human Services (2018). FY 2016 Preliminary Data Table 7 – Number of Child Care Providers Receiving CCDF Funds. https://www.acf.hhs.gov/occ/resource/fy-2016-preliminary-data-table-7.

Office of Community Services, Administration for Children and Families, U.S. Department of Health and Human Services (2012). Implementation of a New Performance Measure. https://www.acf.hhs.gov/ocs/resource/implementation-of-a-new-performance-measure.

Office of Head Start (OHS), The Administration for Children and Families, U.S. Department of Health & Human Services (2015). Biennial Report to Congress the Status of Children in Head Start Programs 2015. https://eclkc.ohs.acf.hhs.gov/sites/default/files/pdf/ohs-2015-biennial-report-to-congress.pdf.

Pavetti, LaDonna & Floyd, Ife (2016). *Eliminating Social Services*

Block Grant Would Weaken Services for Vulnerable Children, Adults, and Disabled. Washington, DC: Center on Budget and Policy Priorities, US.

Popescu, Luminiţa-Gabriela (2013). From a Holistic Approach of Public Policy to Co-governance. *Theoretical and Applied Economics*, Vol. XX (7): 95 – 108.

Portis, Edward Bryan & Levy, Michael B. (eds.) (1988). *Handbook of Political Theory and Policy Science.* Westport, Connecticut: Greenwood Press.

Portsmouth City Council, UK (2016). Quality Assurance and Improvement Strategy for Children's Social Care. http://portsmouthchildcare.proceduresonline.com/pdfs/portsmouth_qual_strat_fw.pdf.

Rethink Mental Illness (2016). Assessment and Eligibility under the Care Act 2014. Birmingham. https://www.rethink.org/resources/s/social-care-assessment-and-eligibility-factsheet.

Rhodes, R. A. W., Binder, Sarah A. & Rockman, Bert A. (eds.) (2008). *The Oxford Handbook of Political Institutions.* Oxford: Oxford University Press.

Richards, David & Smith, Martin J. (2002). *Governance and Public Policy in the UK.* Oxford: Oxford University Press.

Robertson, Ruth, Gregory, Sarah & Jabbal, Joni (2014). The Social Care and Health Systems of Nine Countries. London: The King's Fund. https://www.kingsfund.org.uk/sites/default/files/media/commission-background-paper-social-care-health-system-other-countries.pdf.

Rocky Mountain Bible Church (RMBC), UK (2015). Children's Social Care Performance and Quality Assurance Framework. http://www.proceduresonline.com/greater_manchester/childcare/rochdale/pdfs/ch_cs_perform_qual_assur_framewk.pdf.

Sabatier, Paul A. (2007). Fostering the Development of Policy Theory. In Paul A. Sabatier (ed.). *Theories of the Policy Process.* Boulder, CO: Westview Press.

Saris, W. E. (1984). *Decision Problems in the Council of Ministers: Some Results of Research.* Amsterdam: Stichting voor sociomctrisrh onderzoek.

Jr. Settersten, Richard A. (2003). A Rethinking Social Policy: Lessons of a Life-Course Perspective. In Richard A. Settersten Jr. (ed.). *Invitation to the Life Course: Toward New Understandings of Later Life.* New York: Baywood Publishing Company, Inc.

Sheingate, Adam D. (2012). A New Politics of Food? A Policy Regime Approach. Political Science Department, Johns Hopkins University. Paper Presented at the 2012 Annual Research Conference of the Association for Public Policy Analysis and Management, Baltimore, MD, November. https://appam.confex.com/appam/2012/.../Food%20policy%20regime.pdf.

Shropshire Council, UK (2016). Children's Social Care Quality Standards. http://www.proceduresonline.com/shropshire/childcare/user_controlled_lcms_area/uploaded_files/childrens-social-care-quality-standards-v1.pdf.

Sibeon, Roger (1989). Comments on the Structure and Forms of Social

Work Knowledge. *Social Work and Social Sciences Review*, Vol. 1 (1): 29 – 44.

Singapore Ministry of Social and Family Development (2017). Singapore Social Statistics in Brief 2017. https://www.msf.gov.sg/research-and-data/Research-and-Data-Series/Documents/2017%20Stats%20in%20Brief.pdf.

Smith, Kevin B. & Larimer, Christopher W. (2009). *The Public Policy Theory Primer*. Philadelphia: Westview Press.

Smith, Kevin B. & Larimer, Christopher W. (2013). *The Public Policy Theory Primer*. Philadelphia: Westview Press.

Social Protection Committee (2010). A Voluntary European Quality Framework for Social Services. Brussels: Employment, Social Affairs & Inclusion of European Commission. https://ec.europa.eu/social/BlobServlet?docId=6140&langId=en.

Somerset County Council, UK (2016). Children's Social Care Quality Assurance Framework. http://www.proceduresonline.com/somerset/cs/user_controlled_lcms_area/uploaded_files/Quality%20Assurance%20Framework_FINAL_October%202016.pdf.

Sørensen, E. & Torfing, J. (2007). Theories Approaches to Governance Network Dynamics. In E. Sørensen and J. Torfing (eds.). *Theories of Democratic Network Governance*. London: Palgrave Macmillan.

Spicker, Paul (2014). *Social Policy*. Bristol: Policy Press.

Stoker, Gerry (1998). Governance as Theory: Five Propositions. *International Social Science Journal*, Vol. 50 (1): 17 – 28.

Stoker, Robert P. (1991). *Reluctant Partners: Implementing Federal Policy.* Pittsburgh: University of Pittsburgh Press.

Stur, Beata (2017). Czech Republic Has Lowest Poverty Level in EU. https://www.neweurope.eu/article/czech-republic-lowest-poverty-level-eu/.

Tengvald, Karin (1982). Sweden. In Merl C. Hokenstad, Jr. & Roger A. Ritvo (eds.). *Linking Health Care and Social Services.* London: Sage Publication.

Tenhoor, William J. (1982). United States Health and Personal Social Services. In Merl C. Hokenstad, Jr. & Roger A. Ritvo (eds.). *Linking Health Care and Social Services.* London: Sage Publication.

Titmuss, Richard (1963). *Essays on the Welfare State.* Boston: Beach Press.

Thompson, Neil (1995). *Theory and Practice in Human Services.* Maidenhead: Open University Press.

UK Department of Education (2015). Guide to the Children's Homes Regulations Including the Quality Standards. https://assets.publishing.service.gov.uk/government/uploads/system/uploads/attachment_data/file/JP3463220/Guide_to_Children_s_Home_Standards_inc_quality_standards_Version_1.17_FINAL.pdf.

UK Department of Health (DH) (1998). Modernising Social Services. London: Department of Health (Document). https://webarchive.nationalarchives.gov.uk/+/http://www.dh.gov.uk/en/Publicationsandstatistics/Publications/PublicationsPolicyAndGuidance/DH_4081593.

UK Department of Health and Social Care (2018). The Adult Social Care Outcomes Framework 2018/19—Handbook of Definitions. https://assets. publishing. service. gov. uk/government/uploads/system/uploads/attachment_ data/file/687208/Final_ ASCOF_ handbook_ of_ definitions_ 2018 - 19_ 2. pdf.

United Nations (UN) (2000). Responding to Citizens' Needs: Local Governance and Social Services for All. Report of the United Nations Global Forum on Local Governance and Social Services for All. Stockholm, Sweden, 2 - 5 May. http://unpan1. un. org/intradoc/groups/public/documents/un/unpan001598. pdf.

United Nations (UN) (2014). Ways Singapore Government Is Using Data Analytics to Improve Social Services. http://www. unpan. org/Regions/AsiaPacific/PublicAdministrationNews/tabid/115/mctl/ArticleView/ModuleID/1467/articleId/41209/Default. aspx.

United Nations (UN) (2018). World Population Prospects: The 2017 Revision. https://esa. un. org/unpd/wpp/.

U. S. Department of Health and Human Services, Administration for Children and Families, Office of Community Services (2015). Social Services Block Grant Program Annual Report 2013. https://www. acf. hhs. gov/sites/default/files/ocs/ssbg_ 2013_ focus_ report_ aps_ r2. pdf.

US Social Security Administration (2019). Title XX of the Social Security Act—the Social Services Block Grant. https://www. ssa. gov/OP_ Home/ssact/title20/2000. htm.

U. S. State of Connecticut Department of Social Services (2009). Programs and Services. https://www.ct.gov/dss.

Wilder, Matt (2015). What Is a Policy Paradigm? Overcoming Epistemological Hurdles in Cross-Disciplinary Conceptual Adaptation. In John Hogan and Michael Howlett (eds.). *Policy Paradigms in Theory and Practice.* London: Palgrave Macmillan.

Wilson, Carter A. (2000). Policy Regimes and Policy Change. *Journal of Public Policy*, Vol. 20 (3): 247–274.

Worsham, Jeff (2006). Up in Smoke: Mapping Subsystem Dynamics in Tobacco Policy. *Policy Studies Journal*, Vol. 34 (3): 437–452.

后　记

我 2002 年到中国老龄协会（全国老龄办）工作，在从事老龄政策文件起草和研究的同时，就开始思考未来研究方向，并向中国老龄科研中心原主任张恺悌研究员认真请教如何布局未来研究。2005 年五一节帮助西城区起草完北京市第一份社区居家养老服务试点报告之后，在撰写博士论文《中国老龄政策研究》的同时，开始探索、寻找和谋划新的研究方向。实际上在我的博士论文中已经提到老年人社会服务，触及了社会服务。2010 年 6 月，经张恺悌研究员推荐，我参加了民政部规划财务司举办的一个社会服务理论研讨会，会上得到了民政部姜力副部长，规划财务司宋志勤司长、陈越良司长、何珊珊、吴子攀的鼓励和支持。会后按照陈越良司长的要求，我牵头查找和翻译了大量外国社会服务机构设置、政策法规和统计数据等材料。同年，还应陈越良司长和规划财务司的邀请，参与了民政事业"十二五"规划和社会养老服务"十二五"规划的编制工作。感谢民政部规划财务司和陈越良司长、张恺悌研究员引领我走上致力于社会服务研究的道路。为了做好社会服务研究，我倾注了大量的心血，想方设法寻求多方合作与支持，反复去国家图书馆查阅和复印文献，不断在网上搜索资料，不放过可能的线索，与境外社会服务领域大家和研究机构建立通畅互信的业务关系。虽然过程艰辛，甚至出现体力和精力透支的情况，但不忘初心，不负光阴，终有所得。

本书是我继 2011 年、2012 年、2014 年连续出版的《社会服务》《社会服务研究》《社会服务理论和实践研究》之后的第四本著作，得到中共北京市委党校袁吉富副校长、鄂振辉教授、孙艳霞、周永亮，社会科学文献出版社恽薇，南京大学林闽钢教授，浙江大学郁建兴教授，中山大学岳经纶教授，《社会发展研究》吴莹，《行政论坛》温美荣教授、于健慧，《江苏社会科学》方心清教授，《中共福建省委党校学报》程丽香教授、林娜，《社会福利》（理论版）陈涛，民政部养老服务司李邦华、孙文灿，民政部规划财务司吴子攀，全国老龄办事业发展部主任庞涛，财政部社会保障司王晖，北京市民政局陈谊、周洪敬，张家港市民政局徐志斌，上海市民政局陈跃斌、黄井波，重庆市民政局程建，广州市民政局严福长，南京市民政局周新华，安庆市民政局路兴华、郑超，上海市长宁区民政局章维、江建军，郑州市民政局洪乾坤，苏州市民政局郑利江，浙江省民政厅陈建义，北京市老干部局胡文琦，首都经贸大学张航空，青岛大学李海荣等的帮助和支持，在此一并感谢。

图书在版编目(CIP)数据

社会服务制度框架构建研究/李兵著. -- 北京：社会科学文献出版社，2019.8
ISBN 978 - 7 - 5201 - 5234 - 1

Ⅰ.①社… Ⅱ.①李… Ⅲ.①社会服务 - 研究 - 中国 Ⅳ.①C916

中国版本图书馆 CIP 数据核字（2019）第 163863 号

社会服务制度框架构建研究

著　　者 / 李　兵

出 版 人 / 谢寿光
责任编辑 / 恽　薇
文稿编辑 / 恽　薇　陈　荣

出　　版 / 社会科学文献出版社·经济与管理分社（010）59367226
　　　　　　地址：北京市北三环中路甲 29 号院华龙大厦　邮编：100029
　　　　　　网址：www.ssap.com.cn

发　　行 / 市场营销中心（010）59367081　59367083
印　　装 / 三河市龙林印务有限公司

规　　格 / 开　本：787mm × 1092mm　1/16
　　　　　　印　张：17.25　字　数：207 千字

版　　次 / 2019 年 8 月第 1 版　2019 年 8 月第 1 次印刷
书　　号 / ISBN 978 - 7 - 5201 - 5234 - 1
定　　价 / 89.00 元

本书如有印装质量问题，请与读者服务中心（010 - 59367028）联系

▲ 版权所有 翻印必究